사 람 은
어 떻 게
성장하는가

내면의 잠재력을 깨우는 멘탈코칭

사람은 어떻게 성장하는가

조남철 지음

PlanB DESIGN 플랜비디자인

당신의 인생이 달라지는 순간

어떤 사람이 길을 가다가 깊은 구덩이에 빠졌다고 생각해보자. 어떻게 해야 할 것인가? 구덩이에서 빠져나오기 위해 삽을 들고 깊이 파내려간 다면 오히려 상황을 악화시킬 것이다. 안타깝지만 이것은 고통에 빠진 많은 사람들이 취하는 방식이다.

걱정할 거리가 아닌데 걱정해서 걱정거리를 만들고 키운다. 자기책 임을 타인과 상황에 전가하면서 필요한 행동을 안 하고, 문제와 갈등을 키운다. 심지어 걱정하고 싶지 않은데도 불구하고, 나의 의지와는 상관 없이 생각이 자동으로 돌아가며 걱정을 키운다. 그 결과 잠을 제대로 자기 어렵고, 휴식도 하기 어렵게 된다. 뇌가 지치고 뇌의 효율성이 떨어져 문제해결 능력이 떨어진다. 걱정거리에 골똘한 나머지 지금 내 앞에 있는 사람과 편안하게 공감하는 대화가 어려워진다. 마음이 생각에 빠져 있기 때문에, 지금 내 앞에 있는 사람의 말에 집중하기 어렵기 때문이다. 행복하고 더 잘 사는 방법에만 골몰한 나머지 현재의 행복을 놓친다. 오히려 그러한 정신적 습관 때문에 현실은 외롭고 무의미하고 삭막하게 변한다.

이들이 고통에서 빠져나오도록 어떻게 도와줄 수 있을까? 고통과 실의에 빠진 사람들을 돕는 것은 내 인생의 숙명 같았다. 나는 상처받은 영혼들에게 중독된 듯 마음이 이끌렸다. 그들은 마치 강한 자석처럼 내 마음을 끌어당겼다.

어떤 사람들은 "인생이 정말 달라졌어요!"라는 감사의 인사를 전했다. 마치 텔레비전의 리얼리티 프로그램에 나오는 주인공처럼 드라마틱한 변화를 이뤄냈다. 한 탈북자는 태어나서 처음으로 '긍정'이 무엇인지 깨닫게 되었다고 나에게 말했다. 수십 년간 피워 왔던 담배를 단박에 끊게 되었다는 말도 했다. 한국에 귀순한 뒤로, 피해의식에 시달려 살았다고 했다. 함께 탈북하다 죽은 다른 동료들을 오히려 부러워했었다는 말을 했다. 그만큼 사는 게 힘들었다고 했다.

그는 내가 진행하는 프로그램에 참여하는 과정에서, 자기가 세상을 부정적으로만 보고 있었다는 사실을 처음으로 깨닫고 큰 충격을 받았다고 했다. 그 후 삶이 완전히 달라졌다는 말을 했다. '행복이 이런 거구나' 하는 것을 처음으로 느꼈다고 말했다. 그 말을 전하며 그의 눈에는 눈물이 촉촉하게 젖어들었다. 이러한 변화를 목격하는 것은 말할 수 없는 보상이 되었다.

어떤 사람들은 중간에 포기하고 인연이 끊어지기도 했다. 그럴 때는 견디기 힘든 허망함과 자책감에 잠 못 들기도 했다. 사람의 마음, 특히 상처 받은 사람의 마음을 변화시키는 일은 정말이지 쉽지 않은 일이다. 현장에서 부딪치는 어려움들은 실질적인 변화를 이루는 것에 대한 갈증을 일으켰고, 수많은 방법들을 탐구하도록 나를 이끌었다.

그중에서 특히 비폭력대화, 내면아이 치유, 최면, 에니어그램, 사이코드라마, 동기강화상담, CBT, 아들러 심리분석, 기적수업, 명상, 코칭 등의 공부가 큰 도움이 됐다. 하나하나가 장단점이 있었고 공부한 것을 실제 상담과 코칭, 교육 현장에서 적용하며 통합해 가는 것은 커다란 보람과 즐거움이 있었다.

사람들은 자기 자신에 대한 관점을 가지고 있다. 소위 자아상이다. '완벽하지 않지만 괜찮아'라고 긍정적인 관점을 가질 수도 있지만, '쓸모없는 사람이야'라고 부정적인 관점을 가질 수도 있다. 자아상을 보여주는 자존감과 열등감은 어찌보면 백지 한 장 차이다. 자존감이 높은 사람은 '부족하지만 괜찮아! 노력하면 잘 할 수 있어'라고 생각한다. 반면 열등감이 많은 사람은 '부족한 내가 싫어! 노력해도 바꿀 수 없어'라고 생각한다. 자기에 대한 미묘한 관점 하나의 차이 인 것이다. 그런데 이러한 관점 하나가 바뀌면 종종 기적 같은 변화가 일어난다.

이 책을 통해서 자기에 대한 생각을 바꿔야 하는 이유와 어떻게 바꿀 수 있는지에 대한 구체적이고 실용적인 방법을 담아내려고 했다. 1장에서는 마음의 실제를 다루었다. 의식과 잠재의식으로 나누어진 마음의 특성을 보여주고 잠재의식이 우리 삶에 미치는 영향과 잠재의식을 내 편으로 만드는 방법들을 다루었다. 잠재의식은 우리의 중요한 생각, 감정, 행동 배후에 작용하고 있는 막강한 힘이다. 인생의 성공과 행불행을 결정짓는 보이지 않는 마음의 힘이다. 잠재의식과 의식의 상호작용에 대한 이해는 눈에 보이지 않는 마음의 힘을 내 편으로 만드는 지혜를 가져다줄 것이다.

2장에서는 잠재의식에 각인된 신념의 작용을 다루었다. 신념은 잠재의식에서 받아들인 생각이다. 흔히 말하듯, 신념은 나의 인생을 만든다. 자신이 경험하는 세상을 바꾸기 위해서는 먼저 신념을 바꿀 수 있어야 한다. 많은 이가 자기도 모르게 심어진 부정적인 신념을 갖고 살아간다. 특히 어떤 신념들은 마치 투명한 유리처럼 보이지 않아서 그 신념이 우리에게 어떤 영향을 미치는지 모를 때가 많다. 이 신념들의 작용을 이해하고 바꿀 수 있는 방법들을 정리했다.

3장에는 치유를 통해 가장 중요한 핵심 신념을 변화시키는 방법이 제시되어 있다. 핵심 신념은 내면아이의 생각이다. 내면아이는 우리 안에 사는 작은 인격이다. 평소엔 의식의 배경에 머물러 있다가 특정한 상황과 맥락에서 전경으로 드러나 마음을 장악한다. 스스로 통제가 잘 안 되는 감정과 행동은 내면아이의 영향이다. 내면아이를 이해하고 치유하면 상황에 더욱 적합한 행동을 할 수 있게 된다. 상황에 반응하는 과정을 통해 원하는 삶을 창조해 나가는 힘을 갖게 된다.

4장은 행복한 관계를 만들어가는 구체적인 길을 제시했다. 관계는 거울이다. 관계는 나를 보여준다. 특히 다른 사람과 대화하는 방식은 우리 관계의 수준을 보여준다. 이 장에서는 관계갈등이 일어나는 심리적 원인을 이해할 수 있도록 배려했다. 마음이 바뀌지 않으면 대화 방식을 바꾸기 어렵기 때문이다. 상대에게 분노와 원망을 갖고 있는데, 경청하고 공감하려고 하는 것은 감정노동이다. 감정노동은 지속하기 어렵다. 결국, 본심은 상대에게 전해지고, 갈등은 또 다른 양상으로 전개될 것이다.

진심으로 경청하고 공감하는 것이 어려운 이유는 자기 내면의 상처와 결핍에 기인한다. 자기가 치유된 만큼 상대의 말을 들어줄 수 있다. 자기 마음이 비워진 만큼 상대의 마음에 공감해 줄 수 있다. 관계에서 일어나는 마음의 상호작용을 이해하는 것은 특히 수렁에 빠진 관계를 획기적으로 변화시킬 수 있는 길을 찾아줄 것이다. 함께 성장하며 행복을 확장하는 이상적인 관계를 만들 수 있게 될 것이다.

마지막 5장은 '가능성의 아이'에 대해 이야기했다. 보통 내면아이를 상처받은 아이라고 한다면, 가능성의 아이는 '우리 안에 잠든 거인'을 말한다. 칼 융이 언급한 '놀라운 아이'다. 상처가 치유되어 잠재의식에 심어진 부정적 신념이 바뀌는 과정에서 잠들어 있던 '가능성의 아이'가 깨어난다. 가능성의 아이는 세상을 다른 방식으로 바라본다. 가능성의 아이가 가슴 뛰는 꿈을 발견하고 그 꿈을 실현할 수 있도록 도와주는 실천적인 방법들을 제시했다.

사람이 변화되는 것은 결코 쉬운 일은 아니지만 충분히 가능한 일이기도 하다. 자신을 제대로 보고 이해하고 수용하기 시작하면 변화는 시작된다. 나에게 보람을 주고, 때로는 좌절시킨 많은 내담자와 고객들을 만나며 사람에 대한 살아 있는 공부를 할 수 있었다. 그 분들과의 만남을 통해 사람을 이해할 수 있었고, 동시에 나의 상처, 그림자를 직면하며 통합해 갈 수 있었다. 나를 이해하고 수용하는 깊이만큼 다른 사람들을 이해하고 수용하는 힘이 커졌다. 그들에게 실질적인 도움을 줄 수 있었다. 여전히 부족하고 갈 길이 멀지만 나와 사람들에 대한 이해는 그 길을 좀더 편안하고 즐겁게 받아들일 수 있는 정신적 힘을 제공해 주었다.

이 책에는 그 분들과 나눈 치유와 성장의 이야기들이 실려 있다. 자신의 이야기를 다른 사람들에게 도움이 될 수 있다는 이유로 책에 써도 좋다고 허락해주신 내담자들에게 고마움을 표한다.

'사람은 어떻게 성장하는가'는 삶의 참다운 변화와 성장을 꿈꾸는 사람들을 위한 책이다. '한 아이를 키워내기 위해 온 마을의 노력이 필요하다' 아메리칸 인디언 오마스 족의 격언이다. 마찬가지로 한 사람이 변하기 위해서는 다양한 지혜와 방법들이 필요하다고 믿는다. 가능한 쉽고 현실적으로 쓰기 위해 고심했다. 마음과 행동을 실질적으로 변화시킬 수 있는 유용한 방법과 원리들을 통합해서 알기 쉽게 정리하려고 했다.

인생이 정말이지 기적처럼 바뀌는 순간이 있다. 그 놀라운 기쁨과 치유의 순간들을 독자들과 함께 나눌 수 있으면 좋겠다. 마음이 바뀌면 인생이 정말로 달라진다.

마음은
어떻게 작동하는가

마음은
어떻게 작동하는가

옛날 어느 마을에 열심히 일했지만 가난한 구두 가게 할머니와 할아버지가 살고 있었다. 노부부는 낡고 해진 구두를 신은 사람을 보면 돈을 받지 않고 신발을 고쳐줄 정도로 마음씨가 착했다. 생활은 점점 어려워졌고, 급기야 구두를 만들 가죽이 한 장밖에 남지 않게 됐다. 할아버지는 부족한 가죽 때문에 구두를 완성하지 못하고 잠이 들었다.

다음날 할아버지는 멋진 구두가 완성된 것을 보고 깜짝 놀랐다. 그 구두는 비싼 값에 팔렸다. 새 가죽을 사서 잘라 놓으니 다음날도 멋진 구두가 만들어져있었다. 할아버지는 그 구두들을 좋은 값으로 팔아 큰돈을 벌었다.

누가 만들어놓을까 궁금했던 할아버지는 밤에 몰래 일어나 구둣방을 엿보았다. 그랬더니 놀랍게도 꼬마 요정들이 나타나 뚝딱뚝딱 구두를 만들고 있었다. 할머니와 할아버지는 꼬마 요정들에게 줄 옷과 구두를 만들었다. 요정들은 구두와 옷을 입고 춤을 추며 좋아했다.

'꼬마 요정과 구둣방 할아버지'라는 동화 이야기다. 일본의 멘탈코치 이시다 하사쓰구는 '3개의 소원 100일의 기적'에서 꼬마요정을 잠재의식에 비유했다. 잠재의식은 겉으로 드러나지 않는, 숨어 있는 의식을 말한다. 빙산을 예를 들면, 수면 위로 솟아 있는 부분은 의식이고 물속에 잠겨 있는 거대한 부분이 잠재의식이다. 잠재의식은 의식을 압도하는 거대한 힘을 지니고 있다. 인생의 행복과 성공을 위해서는 잠재의식의 힘이 내 편에서 작용할 수 있는 흐름을 만들 수 있어야 한다.

잠재의식의 권위자 네빌고다드는 우리의 행동 중 많은 부분은 잠재의식에서 각인된 인상에서 주어진다고 한다. 만약 우리의 잠재의식에 실패하는 모습만이 각인되어 있다면 혹은 불가능하다는 생각만 각인 되어 있다면 과연 우리는 어떤 결과를 경험하게 될까?

우리의 삶을 변화시키기 위해서는 먼저 잠재의식의 영역을 살펴봐야 한다. 잠재의식은 우리 삶에서 매우 중요한 부분이다. 그러나 우리는 잠재의식이 우리에게 어떤 영향을 미치고 있는지, 또 어떻게 변화시킬 수 있을지에 대해서 잘 알지 못한다. 그래서 많은 사람이 부정적으로 작용하는 잠재의식을 바꾸지 못하고 의지와 결심의 힘만을 맹신한 채 매번 같은 실패를 반복하며 살아간다.

한 교육생이 쉬는 시간에 내게 다가와 '자기는 정말 운이 없는 사람'이라고 말했다. 나는 그에게 '그런 사람은 없다. 생각을 바꾸면 운도 달라질 수 있다'고 말했다. 교육 중 야외에서 산책하는 시간이 있었다. 그는 구두를 신고 있었는데 산책하다 발을 헛디뎌 구두 뒷굽이 떨어져 나갔다. 그는 뒷굽이 떨어진 신발 밑창을 내게 보여주며 말했다. "강사님, 보세요. 제가 뭐랬어요? 저는 운이 나쁜 사람이라니까요." 나는 그에게 더 이상 할 말이 없었다. 그는 자기가 경험하는 모든 것을 '나는 운이 나쁘다'는 필터를 통해 해석하고 있었다. 그의 삶이 달라지기 위해서는 잠재의식에 각인된 부정적인 신념을 바꿔줘야 했다.

잠재의식에 신념이 각인되는 과정은 마치 최면에 걸리는 것과 비슷하다. 우리는 일상에서 수없이 최면에 빠진다. 텔레비전이나 스마트 폰을 멍하게 보고 있을 때도 이런 일이 일어난다. 우리는 프로그래밍의 과정을 의식적으로는 기억하지 못한다. 그러나 잠재의식에 프로그램된 정보들은 남은 생애 동안 우리를 지배하며 영향을 미친다.

예를 들어, '나는 몸이 약해', '우리 집안은 원래 고집이 세', '나는 힘이 없어', '나는 수줍어서 말을 못해' 이런 말들도 일정의 프로그램된 생각 중 하나다. 이런 생각은 하나의 프로그램처럼 마음속에 뿌리를 내린다. 이 생각들을 의식의 차원으로 끌어올려 지워버리지 않으면 잠재의식에서 계속 작동된다.

모든 생각은 형태form를 지니고 있기에, 우리가 어떤 생각을 갖고 있는지 의식적으로 알지 못해도 우리의 몸, 관계, 삶의 모습은 이 생각을 드러낸다. 그래서 자신의 현재 삶의 모습은 잠재의식에 품은 생각을 알려주는 거울과 같다.

어떤 사람이 특정한 삶의 고통을 겪고 있다면 잠재의식의 믿음 체계 belief system를 치유해 줘야 한다. 문제의 근원을 없애줘야 한다는 의미다. 잠재의식이 워낙 강력하기 때문에, 그런 것을 사실로 믿으면 실제로 그런 일이 일어난다. 결과는 환경에서 일어나지만, 원인은 마음 차원에 있는 것이다.

기적을 일으키는
잠재의식의 힘

인간의 잠재의식은 농담과 진담을 구별하지 못하며, 상상적 결과와 실제 결과를 구별하지 못하기 때문에, 한 주장을 계속 주입하면, 실제로 그렇게 알고 행동한다. "나는 멋지다."라고 하면 정말 멋지게 되고, "나는 못생겼다."라고 하면 정말 못생겼다고 행동, 반응하게 된다.

-맥스웰 몰츠

잠재의식은 전체 뇌 기능 중에서 90% 이상을 차지한다. '잠재의식을 이용한 자기 계발 법'의 저자 노아 세인트 존 박사는 우리가 성공하거나 실패하는 모든 이유는 바로 이 90%에서 기인한다고 말한다. 그에 의하면 우리 뇌에서 의식은 전체 뇌 기능 중 10%도 채 안 된다. 반면 잠재의식은 전체 뇌 기능 중에서 90% 이상을 차지한다.

잠재의식은 습관, 행동, 자동적인 사고 및 감정 등으로 구성된 다양한 집합체로 우리가 일상에서 겪는 상황에 대한 반응, 다른 사람과 관계하는 방식을 결정한다. 예를 들어, 우리가 누군가 새로운 사람을 만날 때 순간의 직관으로 그 사람이 신뢰할 만한 사람인지 아닌지 판단하곤 한다. 또는 밤길에 작고 검은 물체가 앞을 쑥 지나가면 나도 모르게 순간 몸을 긴장하게 된다. 의식을 통하지 않고 잠재의식이 바로 작용하는 것이다.

우리가 성공하거나 실패하는 많은 이유를 바로 이 90%에서 찾을 수 있다. 의식에서 어떤 것을 하려고 할 때, 잠재의식의 지원을 받는다면 쉽게 그 일을 해낼 것이다. 그러나 잠재의식의 방해가 일어나면 앞으로 가겠다고 말하면서 옆으로만 움직이는 꽃게처럼 의도와 행동이 불일치되면서 원하는 상태와 멀어지는 현실을 경험하게 될 것이다.

의식과 잠재의식이 갈등을 일으킬 때, 항상 잠재의식이 승리한다. 폭이 30cm, 길이가 20m인 나무판자를 바닥에 두고, 한쪽 끝에서 다른 쪽 끝까지 걸어갈 수 있을까? 거의 모든 사람은 쉽게 건너갈 수 있을 것이다. 만약 똑같은 나무판자를 100m 높이의 빌딩 사이에 걸쳐 놓는다면 어떻게 될까? 아마도 대부분의 사람은 시도할 엄두도 내기 어려울 것이다. 무슨 차이가 있는 걸까? 높은 곳에서 떨어질지도 모른다는 생각이 두려움을 불러오기 때문이다. 의식은 같은 길이의 나무판자니까 '건너갈 수 있어'라고 명령할 수 있겠지만 잠재의식의 상상은 반대로 작동한다. 결국, 승리자는 잠재의식이 될 것이다.

현재의식이 하려는 부분에 대해 잠재의식의 적절한 지원이 있다면 놀라운 결과를 얻게 될 것이다. 그러나 잠재의식이 늘 현재의식을 지원해

주진 않으며 때때로 서로 갈등 관계에 있다. 현재의식이 의도하는 바와 잠재의식에 심어진 생각이 서로 대립하는 것이다.

선민씨는 발표불안이 심했다. 사람들 앞에서 발표하려고 하면 머리가 하얘지며 아무 생각도 나지 않는다고 했다. 죽을 것 같은 공포감에 심장이 벌렁벌렁 뛴다고 했다. 얼굴이 화끈거리고 도망치고 싶다는 생각이 강박적으로 머리를 짓누른다고 했다. 사람들이 자신을 무시할 것 같은 두려움이 밀려와 숨이 막힌다고 했다.

그녀는 자신이 하찮게 느껴진다고 했다. 사람들은 신뢰하기가 어렵고 이기적이라는 생각이 들었다. 그녀가 바라보는 세상은 위험하고 삭막했다. '나는 부족하고 하찮다'는 생각은 이미 그녀의 잠재의식에 확고하게 자리 잡았다. 당당하게 발표를 잘하고 싶었지만, 잠재의식이 지배하는 몸과 감정, 자동적인 생각들은 전혀 다른 반응을 보였다.

발표불안은 잠재의식에 숨어 있는 내면아이의 감정과 생각을 보여준다. 미국의 저명한 심리 치료사인 마거릿 폴 박사는 '내면아이'를 우리의 인격 중에서 가장 약하고 상처받기 쉬운 부분으로서, 감정을 우선시하는 '직감적인 본능'이라고 했다. 내면아이는 잠재의식을 구성하는 작은 인격이다. 내면아이의 생각과 감정은 특정한 상황에서 잠재의식의 자동반응을 결정한다. 내면아이의 직감적인 본능은 발표를 편안하게 잘하고 싶었던 그녀의 의도와 달리, 발표상황을 마치 죽을 것 같은 공포심으로 받아들이고 있었다. 그녀의 발표불안을 해소하기 위해선 내면아이의 생각과 감정을 먼저 이해할 필요가 있었다.

하찮다고 생각하는 자기를 보호하기 위해 그녀는 사람들 앞에 나서면 안 되었다. '사람들이 자기의 본 모습을 알게 되면 실망하고 뒤에서 험담할 것이 뻔하다'고 생각했기 때문이다. 그런 상황을 과거에 몇 번 겪은 적이 있었던 그녀는 자기를 보호하기 위한 수단으로 발표불안이 필요했다. 발표불안이 있으면 사람들 앞에 나서지 않아도 되기 때문이다. 그러면 자기의 취약함이 노출되는 것을 보호할 수 있었다.

그녀의 현재의식은 발표불안을 고치고 싶었지만, 잠재의식은 발표불안이 필요했다. 그녀는 발표불안을 고치려고 많은 노력을 했지만, 잠재의식은 언제나 승리했다. 의식과 잠재의식의 갈등에서 잠재의식은 늘 승자이기 때문이다.

발표불안을 해결하기 위해서는 잠재의식의 상처와 기억, 신념을 먼저 바꿔야 한다. 자기 자신에 대한 생각, 사람들에 대한 생각, 세상에 대한 생각에 변화가 찾아와야 한다.

그녀는 자기 내면의 불안과 두려움을 대면했다. 불안과 두려움을 넘어서는 가장 빠른 방법은 그것을 직접 경험하는 것이다. 생각으로 판단하고, 설명하고, 이름 붙이는 것을 멈추는 것이다. 몸에서 일어나는 감각을 감각 그대로 경험해 보는 것이다. 두려움은 몸에서 일어나는 감각에 붙인 이름이다. 감각을 감각으로 직접 경험하면 감각에 달라붙은 감정의 에너지가 방출된다. 에너지가 방출되면 두려움과 불안은 사라지거나 완화된다.

그녀의 두려움은 '나는 왜 이렇게 못났나? 왜 이렇게 겁이 많은 건가?'

하는 자기혐오와 자기비난, 그런 나를 안타깝게 여기는 연민과 슬픔의 감정 등으로 양상이 바뀌어 갔다. 두려움의 두꺼운 껍질을 벗겨내면서 그 밑에 숨어 있는 하부 감정과 생각들이 의식으로 드러났다. 이러한 감정과 감각들을 수용하면서 있는 그대로 만나자 그녀는 "속이 후련해지며 마음이 편안해진다"고 말했다.

이 상태에서 '나는 발표를 잘 못 한다', '나는 사람들의 평가와 판단이 두렵다', '나는 그런 내가 한심하다' 등의 생각은 힘을 잃어버린다. 사실 이러한 생각이 발표불안을 야기하는 것이 아니다. 생각은 실제로는 힘이 없다. 그 생각이 진실이라고 믿는 잠재의식의 착각이 증상을 만든다.

생각에 힘이 빠지면 잠재의식의 내면아이가 가진 생각이 유연해지며 다른 생각을 받아들일 수 있는 여유와 공간이 생겨난다. "발표를 잘 못해, 근데 어때? 그게 난데! 사람들 앞에서는 말을 잘 못하지만 내가 편안하고 안정된 상태에서는 말을 잘할 때도 있었어!", "사람들의 판단과 평가가 두렵지. 근데 어쩌겠어. 아무리 잘해도 사람들은 판단하고 평가하기 마련이지. 그것은 그들의 문제지 나와는 상관없어!"

이렇게 상황을 다른 맥락에서 볼 수 있는 관점이 생기며 그녀는 발표불안의 깊은 수렁에서 빠져나올 수 있는 정신적 힘을 얻게 되었다.

우리는 지금보다 다 나은 미래에 대한 꿈을 갖고 있다. 더 많은 것을 가지고 싶어 하고, 더 좋은 경험을 추구하고, 더 나은 자기가 되고자 원한다. 그걸 위해서는 도전지대를 통과해야 하며, 현재의 안전지대를 벗어나는 용기가 필요하다. 실패에 대한 두려움에도 불구하고 도전하며 앞으로 나가야 한다. 실패와 도전이 반복되는 과정을 통해 성장하며 자신의 잠재력을 발현하며, 마침내 원하는 꿈을 이룰 수 있게 된다.

그러나 내면의 두려움을 크게 가진 사람들은 다른 전략을 고안한다. 원하는 것을 이루겠다는 의식적인 기대와 바람보다 두려움을 회피하겠다는 잠재의식의 동기가 더 크게 작용하기 때문이다. 그래서 그들은 많은 에너지를 두려움에 저항하고 회피하는 데 사용한다. 심지어 원하는 것을 포기하기도 한다. 꿈을 포기하면 도전할 이유도 사라진다. 그러면 자신의 두려움을 대면하지 않아도 되기 때문이다. 애석하게도 자신도 인식하지 못하는 사이에, 두려움을 회피하는 대가로 미래를 포기하는 선택을 한다.

잠재의식의 힘을 이해하고 변화시킬 수 있을 때 우리 삶은 크게 달라질 수 있다. 의식이 원하는 방향을 잠재의식이 지원할 때 기적 같은 변화가 일어난다. 잠재의식이 받아들였던 부정적인 신념이 떨어져 나가며 생각지도 못했던 선물들을 받게 된다.

내 안의 적 또는 친구,
잠재의식

내게 보이는 것들은 나의 책임이다. 내가 체험하는 느낌들은 내가 택한 것이며 내가 성취하게 될 목표는 내가 결정하는 것이다. 내게 우연히 일어나고 있는 것처럼 보이는 모든 것들이 내가 청한 것이며 내가 청했던 대로 받는 것이다. -

기적수업

의식과 잠재의식은 상호작용한다. 잠재의식은 의식의 선택을 지원하기도 하지만, 때때로 의식과 잠재의식이 서로 배타적으로 작용할 때도 있다.

40대 초반의 승진씨는 자기주장을 잘 못하고 권리를 잘 못 챙겼다. 자기가 원하는 것을 표현하는 것이 부담스럽고 미안한 마음이 들었다고 했다. 그에게는 자기 욕구를 표현하는 것에 대한 일종의 죄의식이 있었다. 갈등이 있으면 쉽게 양보하고 포기했으며 결국, 손해 보는 결정을 반복했다고 했다.

그는 형제가 많은 집안에 태어나 자기 것을 챙기기가 어려웠다. 힘들게 사는 부모님을 보면서 자기 욕구를 죽이고 가족을 우선시하는 것을 당연하게 받아들였다. 부모와 가족에게 착한 아이라고 인정을 받았지만 자기의 욕구는 좌절될 수밖에 없었다. 그는 연민이 많아 자기보다 힘들고 어려운 사람에 대한 공감을 잘했다. 그러나 자기보다 잘난 사람을 인정하는 것은 어려웠다. 자기의 욕구를 충분하게 채워본 적이 없었고, 역할이 아닌 존재로 인정과 지지받은 경험이 부족했다. 그래서인지 그는 성공적인 다른 사람들을 보면 왠지 불편하고 경직되어 피하게 된다고 했다.

그는 성공을 원했지만, 잠재의식은 성공을 불편해했다. 재능과 능력이 뛰어났지만 자기의 가치를 정당하게 요구하는 것을 어려워했다. 다른 사람의 성공을 시기하고 질투하며 재능과 역량을 제대로 못 펼치는 자신이 '한심하고 부족해'라고 생각했다.

어떤 사람은 잠재의식을 친구로 만들며, 자신이 무언가 의도하면 잠재의식의 지원을 받는다. 의도하는 것에 주의를 집중하고, 실행해서 성취한다. 영화를 보고 싶다면, 밖으로 나가 영화관에 가서 티켓을 사서 보고 싶은 영화를 본다. 춤을 추고 싶다면, 가까이 있는 댄스학원을 찾아가 등록을 하고 춤을 배운다. 해외여행을 가고 싶다면 갈 곳을 결정하고 필요한 경비를 모아 시간을 계획해서 여행을 떠난다. 의식과 잠재의식이 서로 갈등하지 않는다. 의도한 것에 주의가 가고, 필요한 행동이 뒤따르며 의도한 목적을 달성한다. 목표를 이루는 강력한 추진력이 있다.

어떤 사람들은 잠재의식이 적으로 작용한다. 영화를 보고 싶은데, 친구랑 함께 가고 싶다. 그런데 같이 갈만한 친구가 없다. 영어를 잘하고 싶은데, 영어 공부하는 것은 싫다. 학원에 가는 것이 귀찮다. 애인을 사귀고 싶은데, 여유가 없다. 가까워지면 사생활을 잃어버릴 것 같아 두렵다. 살을 빼고 싶은데, 운동하는 것은 싫다. 야식이 좋아서 끊고 싶지 않다.

의식과 잠재의식이 사이가 좋지 않을 때는 이처럼 원하는 것(의도한 것)과 행동이 일치하지 않는다. 무언가를 의도하면, 그것을 방해하는 생각들이 잠재의식에서 올라온다. '나는 ~를 할 거야.', '나는 ~한 사람이다.'라고 결정하지만, 막상 실행할 때가 되면 이러 저러한 핑계를 대며 실행을 회피하게 된다.

그에게는 먼저 잠재의식에 심어진 자기에 대한 관점을 바꿔주는 주는 것이 필요했다. 잠재의식을 자신의 성공적인 삶을 지원할 수 있는 친구로 만들어주는 것이다. 친구가 되기 위해서는 먼저 자기 자신과의 관계를 살펴야 한다. 자기를 공격하고 힘들게 하던 태도를 멈추고 돌릴 수 있어야 한다. 다음은 그것을 위한 3가지 기본적인 태도다.

1. 자기 자신에 대한 비난적 태도 멈추기

우리는 대부분 어느 정도의 자기혐오와 죄의식을 갖고 있다. 자신에게 잘못이 있다고 생각하고 자신을 비난한다. 자기혐오와 죄의식이 강한 사람은 행복을 거부한다. 자신이 사랑받을 만한 가치가 없다고, 행복을 누릴 만한 가치가 없다고 생각하는 것이다.

직장에서 스트레스를 많이 받는 한 남자가 있었다. 그는 자신의 소극적인 성격이 맘에 안 들었다. 직장에서는 그런 내색을 전혀 하지 않으면서 오히려 과장된 행동을 하곤 했다. 그런 피로감을 집에서 홀로 술을 마시며 풀었는데 술에서 깨고 나면 오히려 기분이 나빠졌다.

두려움 때문에 우리는 일 중독자가 되기도 한다. '부족한 자신'을 일에 대한 완벽주의로 채우려고 한다. 우리는 불안과 별 볼 일 없고 무가치하다는 느낌을 피하고자 폭식을 하기도 한다. 상처받았다는 것을 숨기기 위해 가면^{persona}을 쓰고 살아간다.

자신을 비난하면 어떤 것도 이루기 어렵다. 자신을 사랑하고 친구로 삼기 위해서는 있는 그대로의 자신을 받아들일 수 있어야 한다. 우리는 완벽하지 않은 존재이기에 누구나 부족한 점이 있고 실수도 저지른다. 그러나 그것이 죄는 아니다. 어떤 사람이 독감이 걸렸다면, 그에게 필요한 것은 비난이 아닐 것이다. 누군가의 따뜻한 돌봄과 연민이 필요할 뿐이다.

죄의식은 자신의 행동에 대해 잘못이 있다고 생각하는 것이다. 수치심은 존재 자체가 잘못됐다는 느낌이다. 수치심은 치유되어야 할 마음의 병이다. 잠재의식을 친구로 만드는 가장 큰 걸림돌이다.

어떤 사람은 자기혐오와 죄의식을 다른 사람에게 투사한다. 그들을 판단하고 비난하면서 자기 안의 수치심과 죄의식을 해결하려고 한다. 부모에게 상처받은 아이들은 '잘못된 부모의 행동에 대해 부모가 아닌 자기 탓'을 하곤 한다. 자신이 뭔가 잘못했기 때문에 그런 일이 일어났다고 생각한다. 우리는 이러한 방식으로 '자기비난'을 당연하게 받아들인다.

2. 자신을 다른 사람과 비교하는 것을 멈추기

우리는 다른 사람과 자동으로 비교해서 '좋고 나쁨', '잘하고 못함', '잘나고 못남'으로 우열을 가린다. 자기보다 잘 난 상대를 보면 시기, 질투가 올라온다. 자동으로 자기에게 없는 것을 보기 때문이다. 상대를 통해 자기가 보고 싶어 하지 않는 '완벽하지 않고 부족한' 자신을 보게 되기 때문이다. 그래서 시기, 질투하는 마음 안에는 어느 정도의 자기혐오와 죄의식이 포함되어 있다.

우리 안에 감춰진 자기를 좋아하지 않으면, 다른 사람이 그러한 나를 받아 주리라는 믿음을 갖기 어렵다. 내가 나를 싫어하는데 어떻게 다른 사람이 나를 좋아할 수 있을까? 나의 진짜 모습을 다른 사람이 알게 되면 거절당할까 두려워하는 것이다. 그래서 더더욱 자신을 믿지 못하고 감추게 된다. 그래서 자기에 대한 불신은 다른 사람에게서 점점 더 멀어지게 한다.

있는 그대로 자기를 수용하고 사랑할 수 있을 때, 상대방의 다름도 있는 그대로 받아들일 수 있게 된다. 서로의 다름이 우리를 풍요롭게 만들어준다는 진실을 깨닫게 된다. '잠재의식과 친구'가 되는 힘은 비교하지 않는 마음에서 나온다.

3. 완벽하지 않은 자신을 수용하기

어떤 사람들은 '내가 좀 더 완벽해지면 난 괜찮아.'라고 말한다. 그러나 완벽을 추구하는 마음은 실망과 좌절로 이어질 수밖에 없다. 인간은 결국 불완전한 존재이기 때문이다. 다른 사람에게 완벽을 기대한다면 무리한 요구와 비판이 많아지게 될 것이다. 실수할 때마다, '넌 제대로 하는 것이 하나도 없어.', '도대체 뭐가 문제니?' 하며 자신과 타인을 비난하고 단죄하게 될 것이다.

　어떤 사람들은 실수를 통해 발전하고 앞으로 나아간다. 완벽함에 집착하는 사람은 실수에 걸려 넘어져 자기혐오와 무력감에 빠진다. 완벽하지 않아도 괜찮다. 유대인들은 완벽의 기준을 78%로 잡는다고 한다. 아무리 완벽하기 위해서 최선을 다해도 결과는 78%의 완벽일 뿐이다.

잠재의식의 막강한 힘, 내 편으로 만들기

세상의 만물은 모두 한가지라네. 자기가 무언가를 간절히 원할 때 온 우주도 자네의 소망이 실현되도록 도와준다네. -

코엘류의 연금술사

코엘류의 연금술사에서 주인공 산티아고는 도전하지 않으면 자신이 진정 누구인지 알 수 없다는 현인의 말을 듣고 자아의 신화를 찾아 모험을 떠난다. 생사를 넘나드는 많은 도전과 역경 끝에 산티아고는 원래 자기가 살던 그 자리에 숨겨진 보물을 발견한다. 그러나 진정한 보물은 그의 마음 안에 숨겨진 잠재력이었다. 두려움을 넘어선 모험은 그의 잠재력이 발현될 수 있도록 이끈 촉매였다.

잠재의식은 이성적인 사고나 분석을 하지 않는다. 최면은 사람의 잠재의식에 직접 명령한다. 가령 마늘을 주면서 '맛있는 아몬드다'라는 암시가 걸린 피최면자는 생마늘을 씹어 먹으며 "아몬드가 구수하고 맛있어요."라고 말한다. 또한 '말을 하지 못한다'는 암시가 걸린 피최면자는 최면에서 깨어난 후 실제 잠시 동안 말을 하지 못한다. 현재의식에서는 말을 하려고 애쓰지만 목소리가 나오지 않는다. 이성적 사고와 분석을 넘어선 암시를 잠재의식이 받아들인 결과다.

잠재의식은 바다보다 넓은 무한의 정보를 저장하고 있다. 만약 눈으로 보는 정보를 모두 저장한다면 얼마나 많은 저장용량이 필요할까? 실제 우리는 보고, 듣고, 맛보고, 냄새 맡고, 감각적으로 느끼는 모든 것들을 잠재의식에 저장한다. 저장된 정보들은 상황과 조건이 주어지면, 의식으로 떠올라 우리의 생각, 감정, 행동에 영향을 준다.

30대 중반의 한 여성은 다이어트를 하려고 노력했지만, 번번이 실패했다. 그녀에게는 '성적으로 매력적이면 위험해'하는 생각이 잠재의식에 숨어 있었다. 학창 시절 성추행을 당했던 경험이 있었기 때문이었다. 수치스럽고 두려웠던 기억은 떠올리기조차 싫었다. 그녀는 기억을 억압했다. 억압하고 회피한 감정과 생각은 잠재의식에 스며들어, 또 다른 문제를 야기하곤 한다. 다리에 가시가 박혔는데, 가시를 빼내지 않고 붕대만 감으면 어떻게 될까? 가시 박힌 상처는 피부에서 곪아 더 큰 상처로 발전될 것이다.

의식에서는 '다이어트를 해서 예쁘고 건강한 몸매를 가꿀 거야'하고 원했지만, 잠재의식에서는 '예쁘고 건강한 몸매가 되면 위험해져'라고 저항하고 있었다. 머피 박사에 의하면 의식과 잠재의식이 싸우면 언제나 잠재의식이 승리한다. 그래서 잠재의식에 프로그램된 부정적인 신념이 바뀌지 않으면 다이어트에 성공하기 어렵다. '다이어트를 원하지만 절대로 성공하면 안 된다.'는 일종의 모순된 상황만 지속되는 것이다.

모순된 목표는 양가감정을 일으킨다. 양가감정은 하나의 대상에 대해 서로 상반되는 의도와 감정이 발생하는 심리다.

'성적은 올리고 싶은데, 공부는 하기 싫다.'
'여행은 하고 싶은데 혼자 가는 것은 두렵다. 그런데 같이 갈 만한 사람이 없다.'
'건강해지고 싶은데 운동하는 것은 싫다.'라는 생각과 감정이 마음을 지배하는 것이다.

많은 이가 이처럼 실행하기 불가능한 모순된 목표와 이에 따른 양가감정의 갈등이 있다. 살진 몸을 보면 다이어트를 하고 싶은 의욕이 올라와 헬스클럽에 등록한다. 그런데 다이어트에 성공하면 성추행을 당할지도 모른다는 두려움이 올라와 다이어트에 대한 저항이 생기고, 결국 다이어트에 실패하게 된다.

잠재의식은 이성적인 사고나 분석을 하지 않는다. 비합리적 사고와 절대적 믿음이 잠재의식의 내면아이가 가진 생각의 특징이다. 어떤 생각은 우리에게 행복과 풍요, 건강과 성공을 불러온다. 어떤 생각은 우리에게 불행과 가난, 질병과 실패를 불러온다. 그렇기에 잠재의식이 지금 나와 어떻게 관계 맺고 있는지 잘 살펴볼 필요가 있다.

그렇다고 해서 잠재의식의 내면아이에게 생각을 바꾸라고 강요할 수는 없다. 강요하면 저항하고 저항하면 지속하는 속성이 있기 때문이다. 아이에게 공부를 강요하면 결국 공부에 흥미를 잃어버리게 될 것이다. 다른 사람을 바꾸려고 노력하다가 갈등만 더 커지고 실패했던 경험을 누구나 갖고 있을 것이다. 관계는 마음의 상호작용이 중요하다. 강요하는 마음, 바꾸려는 마음은 정확하게 그 강도만큼 회피하는 마음, 유지하고 저항하려는 마음을 일으키기 때문이다.

'매력적으로 보이면 위험해'라고 생각하는 그녀의 불안과 두려움은 잠재의식의 아이 입장에서는 지극히 당연하고 합리적인 생각과 감정이다. 다만 상황과 맥락이 달라졌는데, 잠재의식은 아직 그것을 이해하지 못하고 있을 뿐이다.

아이가 비행기 소리에 놀라 겁에 질렸을 때, "무섭지 않은 거야, 그냥 비행기 소음일 뿐이야, 무서워하지 않아도 괜찮아!"라는 말은 위안을 줄 수도 있다. 그러나 아이 입장에서는 '무서워하지 않아도 되는 건데 무서워하는 나는 겁쟁이구나'라고 생각할 수 있다. 무서운데 무서워하지 말라니까 무서워하는 감정을 억압한다. 무섭지 않은 척 가장하거나 자기를 겁쟁이라고 여기고 더 소극적으로 될 수도 있다. 억압된 두려움은 잠재의식으로 스며들어 양상을 바꿔가며 다른 문제로 드러나게 된다.

이때는 "무섭구나, 무섭지, 비행기 소리가 커서 무섭지!" 하고 아이의 감정을 있는 그대로 수용 공감해주는 것이 필요하다. 아이는 자기에게 일어난 감정과 생각이 받아들여졌기에, 정서적인 안정감이 생긴다. 다른 생각과 감정을 받아들일 수 있는 마음의 여유가 생긴다. 그런 후에야 "비행기 소리가 커서 그런 거지, 괜찮은 거야! 위험하지 않아!" 하는 메시지가 아이에게 자연스럽게 스며든다.

잠재의식의 비합리적인 감정과 생각을 다루는 방법도 아이를 대하는 방법과 같다. 잠재의식의 비합리적인 감정과 생각은 우리가 어린 시절 경험했던 그러나 충분한 수용과 공감을 받지 못해 억압하고 회피해 온 내면아이의 상처이기 때문이다. 그래서 잠재의식의 억압된 기억을 되살려, 당시 경험했던 불안과 두려움을 충분히 경험하는 작업이 중요하다. 상처받은 내면아이의 두려움과 수치심, 혐오와 분노가 충분하게 풀렸을 때, 잠재의식의 내면아이는 다른 생각을 받아들일 수 있게 된다. '이제 나는 나를 충분히 보호할 힘이 있어!', '나는 더 예쁘고 건강하고 당당해질 거야!'라고 선언할 수 있는 내면의 힘이 생긴다.

이 수준에서 잠재의식이 현재의식의 선언을 받아들인다. 잠재의식이 현재의식의 요구를 지원하는 관계로 변화가 일어난다. 의식과 잠재의식이 서로 소통하고 협력하며 다른 차원의 삶으로 이동한다.

우리는 우리가 생각하는 대로의 존재다. 이미 일어난 현실은 그 누구도 바꿀 수 없다. 그러나 일어난 현실에 대한 반응, 즉 생각과 행동을 선택할 힘이 있다. 이 차이를 분명하게 알면 불필요한 에너지 낭비와 갈등을 줄일 수 있다. 자신의 잠재력을 온전하게 발휘할 수 있는 정신적인 힘을 얻을 수 있다. 잠재의식의 막강한 힘이 내 편에서 작동하기 시작한다.

마음 안에 사는 내면아이

사람들의 마음속에는 어린아이가 살고 있다. 이 아이는 하나의 독립된 인격체처럼 존재한다. 심리학자들은 이 아이를 내면아이inner child라고 하는데, 내면아이는 한 개인의 인생에 반복적으로 지대한 영향을 준다. 특히 스트레스 상황에서 저절로 올라오는 생각과 감정을 지배한다. 불안, 두려움, 걱정, 분노, 자기혐오 등 스스로 통제하기 힘든 부정적 감정과 생각은 내면아이와 관련되어 있다.

'상처받은 내면아이'의 저자 존 브래드쇼는 사람들이 겪는 모든 불행의 가장 큰 원인은 상처받은 내면아이로 인한 것이라고 말한다. 자기 안에 상처받은 내면아이를 발견하고 돌보는 것은 문제 많은 인생을 변화시키는 데 핵심이 된다. 또한, 우리 안에는 놀라운 아이wonder child가 잠들어 있다. 이 놀라운 아이는 인간의 창조적 에너지의 근원이다. 상처받은 아이가 치유되면서 놀라운 아이가 깨어난다. 잠재의식의 긍정적인 변화는 이 놀라운 아이가 깨어나면서 시작된다.

인간의 두뇌에는 감정을 처리하는 두 영역이 있다. 전두엽은 감정에 대해 사고하는 영역이고, 변연계는 상황에 즉각적으로 반응하는 영역을 담당한다. 전두엽을 이성의 뇌, 그리고 변연계를 감정의 뇌라고도 볼 수 있다. 이 둘은 서로 조화를 이루기도 하지만, 때때로 서로 갈등하고 경쟁하기도 한다. 예를 들어, 이성의 뇌는 '다음 주가 시험이라서 지금부터 공부해야 해' 하고 말한다. 반면 감정의 뇌는, '아냐, 아직 시간이 남았어, 지금은 좀 더 놀고 싶어'라고 말할 수 있다. 이성의 뇌는 '의사가 건강을 위해 다이어트를 하라고 했어. 야식을 끊어야 해.' 반면 감정의 뇌는 '오늘 조금 먹는 것은 괜찮을 거야! 배고픔에 잠 못 드는 것 보다 먹고 잘 쉬는 게 더 좋아!'라고 속삭인다.

이성과 감정의 뇌가 서로 대립하는 충동을 보일 때, 대개는 감정이 승리한다. 그래서 우리는 좋은 의도를 갖고 많은 계획과 시도를 하지만, 변화에 성공하는 것은 쉬운 일이 아니다.

이 감정의 뇌를 지배하는 것이 내면아이의 감정과 생각이다. 내면아이는 양가감정이 발생하는 주요 원인이다. 잠재의식의 신념을 진실이라고 철석같이 믿으며, 우리 안에 사는 작은 인격이다. 내면아이의 상처와 결핍이 치유되지 않으면 잠재의식에 심어진 신념은 잘 바뀌지 않는다.

의식과 잠재의식이 통합된 사람은 잠재의식이 지닌 측량할 수 없는 힘의 지원을 받는다. 의도한 것을 방해 없이 일관되게 추진할 수 있는 정신적인 힘을 받는다. 반면, 의식과 잠재의식이 갈등하고 경쟁할 땐, 의식이 원하는 것을 방해하는 가장 커다란 걸림돌이 된다. 의식과 잠재의식이 경쟁할 땐 언제나 잠재의식이 승리한다. 잠재의식은 의식이 어쩌지 못하는 막강한 힘을 갖고 있다.

'화를 내지 말아야지' 했지만, 보고 싶지 않은 어떤 모습을 자녀에게 보는 순간 화는 불같이 일어난다. 용기를 갖고 의욕적으로 '무언가에 도전해야지' 하지만, 막상 실행하려고 하면, 미루거나 회피할 어떤 이유가 떠올라 실행을 미룬다. '어떤 행동을 하지 말아야지' 했지만, 상황과 조건이 달라지면 자기도 모르게 결심을 뒤집고 과거의 행동을 반복한다.

중요한 많은 변화의 기저에는 내면아이의 문제가 숨어 있다. 상대적으로 쉬운 변화가 있다. '정보처리 역량을 높이기 위해 OA 스킬을 배운다. 해외여행을 가기 위해 간단한 생활영어를 배운다.'는 등. 이러한 것들을 기술적 도전과제technical problem하고 한다. 변화에 필요한 기술적인 내용을 학습하는 것이다. 반면 적응적 도전과제adaptive challenge가 있다. 적응적 도전과제는 기술적 도전과제와 달리 생각, 가치, 신념, 정체성의 변화를 요구한다. 예를 들어, "OA 스킬을 내가 왜 배워야 하는데? 나는 컴퓨터에 젬병이야!", "조금 있으면 통·번역기가 도입되어, 의사소통이 자유로워질 텐데, 영어를 왜 배워야 해?"하는 생각이 있다면, 필요한 스킬을 배우는 것에 저항하게 될 것이다.

기술적 도전과제와 적응적 도전과제는 하버드 케네디 스쿨의 리더십 전문가 로널드 A.하이페츠 교수가 구분한 개념이다. 그는 "리더십이 실패하는 가장 흔한 이유는 적응적 도전을 기술적 문제로 취급하기 때문이다"라고 말한다. 그의 통찰은 개인의 변화에도 똑같이 적용될 수 있다. "변화에 실패하는 가장 흔한 이유는 적응적 도전을 기술적 문제로 취급하기 때문"인 것이다.

어떤 학생이 "수학을 좀 더 잘하고 싶어요, 어떻게 하면 잘 할 수 있을까요?"라고 질문한다면, 기술적 도전과제를 가진 것이다. 반면, "전 수학을 하기 싫어요! 왜 배워야 하는지 모르겠어요! 재미없어요! 난 수학에 재능이 없어요!"라고 한다면 적응적 도전과제를 가진 것이다. 만약학생이 가지고 있는 수학에 대한 신념, 자기 자신에 대한 정체성이 바꾸지 않으면 수학을 잘하기 어려울 것이다.

"부부관계 개선을 위해서 대화방식을 바꿔야 할 것 같습니다. 어떻게 하면 좋을까요?"는 기술적 도전과제를 나타내지만 "저 인간만 바뀌면 문제가 안 생겨요. 늘 화내고 자기 입장만 이야기하는 저 사람을 어떻게 바꾸면 좋을까요?"는 적응적 도전과제를 보여준다. 상대에 대해 가진 내 생각과 믿음이 바뀌지 않는다면 상대를 바꾸려고만 하는 노력을 통해 관계는 더욱 심각한 갈등 속으로 빠져들게 될 것이다.

요컨대, 변화에는 두 가지 도전과제가 있다. 하나는 기술적 도전과제로 상대적으로 쉽다. 운전해야 하는 상황이면, 운전학원에 등록해서 면허를 따고, 도로 연수를 하고, 차를 끌고 나가 실제로 주행하다 보면 자연스럽게 운전을 잘하게 될 것이다. 지금은 못하지만, 의식적 노력과 연습을 통해 변화에 성공하는 것이다. 반면 적응적 도전과제는 어렵고, 저항이 있으며, 더 많은 시간이 필요한 것들이다. 생각 신념, 가치관, 자신의 정체성에 대한 변화를 요구하기 때문이다.

개인이 직면한 많은 적응적 도전과제의 성공 여부는 내면아이가 가진 생각에 따라 달라진다. 잠재의식에 심어진 생각이 먼저 바뀌지 않으면, 변화의 노력은 실패로 끝나기 쉽다. 다이어트, 대인관계, 자녀교육, 일의 성공, 건강 등 거의 모든 문제의 기저엔 내면아이의 생각, 즉 잠재의식에 심어진 신념이 숨어 있다.

의식과 잠재의식의
갈등

잠재의식은 억압된 의식이다. 잠재의식은 의식에서 다루지 못하는 사건, 생각, 감정과 욕구를 저장한 창고와 같다. 마치 아무도 모르는 다락방에 숨겨놓은 나만의 비밀일기장처럼 마음속 깊이 숨겨놓은 생각과 감정의 덩어리다.

유아 시절, 배가 고파 울었는데, 엄마가 마침 친구와 오랜만의 전화로 한동안 돌보지 못했다면, 아이는 엄마가 자기를 거부했다고 느낄 수 있다. 자기를 사랑하지만, 엄마도 엄마의 일상이 있다는 맥락을 아이는 이해할 수 없기 때문이다.

거절당한 느낌은 잠재의식에 스며들어 '나는 사랑 받을 가치가 없어'

라는 생각으로 발전될 수 있다. 성인이 되어 비슷한 상황, 예를 들어 누군가 자기의 부탁이나 요청을 들어주지 않을 때마다 잠재의식에 저장된 '사랑받지 못한다'는 생각은 당시 거절당했던 느낌과 함께 의식에서 재경험 된다. 거절당한 감정은 자기를 위축시키고, 필요한 것이 있지만 부탁이나 요청을 회피하게 해서 결국 제한된 삶을 살아가게 만든다.

어떤 청소년은 아빠에게 큰 상처를 받았고, 아빠에게 복수하고 싶었다. 이 청소년은 심한 대인기피증으로 고통을 호소했다. 그런데 한 꺼풀 벗겨보면 다른 진실이 숨어 있었다. 대인기피는 자기가 상처받았다는 사실을 보여주는 확실한 증거가 되었다. 아빠에 대한 복수심을 지탱할 수 있는 상징이 된 것이다. 실제로 우울, 불안, 강박, 대인기피, 갑작스러운 성적저하, 질병, 반항 등의 배후에는 이러한 심리적 기제가 숨어 있는 경우가 많다.

이런 경우 보통 치유에 저항한다. 다시 말하면, "선생님, 저는 사람들이 두려워요. 낮에는 밖에 돌아다니기 힘들어요. 사람들이 나를 공격할 것 같아요. 죽겠어요."라고 말하지만, 진실은 "저는 치료되기 싫어요. 전 이 문제를 갖고 살아갈 거예요. 그래서 제가 더 이상한 사람이 되면, 아빠는 더욱 고통스러워질 거예요. 그 사람이 이기는지 제가 이기는지 겨뤄볼 거예요. 치료되면 더 이상 아빠를 미워할 수 없잖아요?"라고 말하는 것이다.

역설적으로 자기의 문제가 치유되면 더 이상 부모를 비난할 수 없게 된다. 부모를 원망하고 비난하기 위해서는 내가 불안과 대인기피의 증상을 가지고 있어야 하기 때문이다. 잘못된 행동(부모의 학대)의 결과(대인기피와 불안증)는 상대를 비난할 수 있는 강력한 증거가 된다. 자기 문제를 직면하지 않고 회피할 수 있는 변명거리를 제공해 준다.

선희씨는 왕따에 대한 아픈 기억이 있었다. 믿었던 친구가 주동해서 다른 친구들에게 자기 뒷담화를 하고 다녔다. 그것을 안 뒤로 배신감이 이루 말할 수 없었다고 했다. 마음은 점점 우울하고 힘들어졌다. 한동안 복용했던 우울증약도 효과가 없었다고 했다. 증상이 개선되는 것에 저항하는 심리 기제가 있었기 때문이었다. 그녀의 우울은 마음의 문제를 의식에 전달하는 신호였다. 증상이 개선되면 본질적 차원의 마음 욕구를 해소할 수 없기 때문에 치료에 저항이 생긴 것이었다. 마음 안에 있는 친구에 대한 분노와 원망을 충분히 풀어주고, 그 밑에 있는 상실감과 실망의 감정을 풀어낸 후에야 그녀의 문제는 사라질 수 있었다.

의식에서는 개선과 행복을 바라지만 잠재의식은 다른 의도를 가지고 있을 수 있다. 잠재의식은 충직하다. 의식이 배의 선장이라면, 잠재의식은 선원이다. 선장이 명령을 내리면, 선원은 그 명령을 충실하게 수행한다. 그런데 만약 잘못된 명령을 내렸다면 어떻게 될까? 또는 명령을 내렸는데 선원들이 따르지 않고 반항한다면 어떻게 될까? 많은 이가 잠재의식의 존재에 대해서 잘 알고 있다. 그러나 어떻게 소통해서 내 편으로 만들지에 대한 방법을 모르고 있는 경우가 많다.

대부분의 사람은 의식과 잠재의식이 서로 불균형을 이루고 있다. 의식에서 원하는 것과 잠재의식에 심어진 생각이 서로 경쟁하거나, 반대

로 작용한다. 의식에서 원하는 것이 아니라 잠재의식에 심어진 두려움
에 이끌리는 삶을 살아간다. 반면 성공한 사람들은 의식과 잠재의식이
조화를 이루고 있다. 의식에서 제대로 된 명령을 내리고 잠재의식은 그
것을 충실하게 수행한다. 원하는 것을 현실에서 이루는 강력한 힘을 갖
고 있다.

잠재의식 치유의
목적

많은 현대인이 자기 마음을 들여다볼 시간이 없다고 생각한다. 일하면서 겪는 다양한 감정, 실망, 상처, 섭섭함, 혼란스러움, 불안, 두려움 등에 귀 기울일 시간이 없다고 여긴다. 또한, 이러한 감정들을 들여다봐야 소용이 없다고 생각한다. 해결할 수 없으니, 시간 낭비라고 여기는 것이다.

때로는 고통을 잠시 피하기 위한 피난처가 필요하다. 강박적 행동, 술과 오락, 기호식품, 약물, 과중한 업무 등 주의를 고통에서 다른 곳으로 돌려, 감각을 경험하지 않도록 차단하는 것이다. 그러나 오랫동안 반복적으로 지속하면, 더 많은 부작용을 만든다. 나뿐 아니라 타인에게도 해를 끼치는 경우가 생기기 때문이다.

효린씨는 자신이 사랑받을 만한 가치가 없다고 생각했다. 그러나 그녀의 생각과 달리 많은 사람이 그녀를 사랑했다. 하지만 그녀는 그 사실을 믿지 않았다. 그녀는 자신이 사랑받을 만한 사람이라고 믿지 않았기에 자신을 사랑하지 않았다.

이처럼 잘못된 믿음에 근거해서 살아가는 사람들이 많이 있다. 이러한 잘못된 믿음은 오래전에 들었던 잘못된 말과 행동에 의해 생겨난다.

진호씨의 아버지는 왼손잡이 아들을 무척이나 못마땅해했다. 늘 그를 문제아 취급하며 함께 밥도 못 먹게 했다고 했다. 그에게 아버지는 너무도 무서운 존재였다. 그는 생존하기 위해 말을 아끼고, 눈치를 살폈다고 했다. 말을 잘못하면 불호령이 떨어지고, 매를 맞고, 찬밥 신세가 되곤 했기 때문이었다.

그는 속마음을 이야기하지 못했다. 솔직한 감정과 생각을 말하면 안 된다고 생각했다. 말 없는 그와 함께 사는 아내는 너무나 답답했다. 아내는 그런 남편에게 핀잔을 주고, 비난하고, 화를 냈다. 그런데도 그는 말하지 않는 것이 더 낫다고 생각하며 침묵으로 일관했다.

할 말이 있어도 침묵하는 것은 어린 시절의 그에겐 효과적인 생존방식이었다. 그러나 이제 더 이상 필요하지 않은 낡은 방법이었다. 그는 새로운 역할에 적응할 필요가 있었다. 무서웠던 아버지의 침묵하는 아들 역할에서 벗어나야 했다. 대화하고 싶어 하는 아내와 소통하는 남편 역할로 변화가 필요했다.

최근에 상담한 민수씨는 불운의 사고로 조기 은퇴 후 방황하던 스포츠 스타였다. 그는 세상에 대한 원망과 친구들에 대한 실망이 컸다. 사고 전에는 항상 주변에 친구들이 들끓었다고 했다. 호의적이었던 그는 친구들에게 많은 것들을 베풀었다고 했다. 자기가 친구들을 좋아하는 것만큼 친구들도 자신을 좋아한다고 믿었다고 했다. 사고 후 그의 믿음은 배신의 쓰라림으로 되돌아왔다. 어떤 친구들은 당시 잘나갔던 그를 시기하고 질투했었다는 것을 깨달았다. 심지어 사고로 인해 좌절한 자기를 고소해하는 듯 보이기도 했다고 한다.

우월감에 길들어진 그는 날개 잃고 추락한 현재의 모습을 받아들이기 어려웠다. 그는 전혀 새로운 일을 시작했다. 그 업종에서 그는 초보자였다. 스스로 일을 만들어서 해본 경험이 없었던 그는 몇 번의 연속적인 실패를 경험했다.

항상 최고의 자리에서 스포트라이트를 받던 그는 평범함을 받아들이기 어려웠다. 자신이 '잘 못하고, 부족하다'는 생각을 견디기 어려웠다. 그에게 필요한 것은 역설적으로 못하는 것을 배우는 것이었다. 상담을 통해 그는 '나는 최고로 잘나가!', '나는 최고야!'라는 생각에서 '나는 완벽하진 않지만, 괜찮아. 최고가 아니어도 괜찮아. 나에게 맞는 뭔가가 있을 거야!' 하는 생각으로 변화를 받아들였다. 평범한 일상에 존재하는 행복을 발견할 수 있는 새로운 관점이 생겨나기 시작했다.

치유의 목적은 이런 잘못된 믿음을 없애거나 삶의 새로운 맥락에 적응할 수 있도록 바꿔주는 것이다. 지금까지는 아무런 의심 없이 당연하다고 믿으며 살아온 잠재의식의 신념들이 있다. 한때는 삶을 지탱하고 생존에 유리한 생각일 수 있었다. 그러나 새로운 삶과 맥락에는 맞지 않은 낡고 한정된 생각. 고통과 갈등을 유발하는 불필요한 신념들이 있다. 잠재의식에 심어진 이러한 신념들에서 해방되면, 우리는 더욱 자유로워질 수 있다.

불안과 불면증이
사라지다

대학교 3학년 유리는 과제에 대한 부담이 너무 컸다. 코로나19로 인해 하루에 4시간 온라인 수업을 들었고, 과제는 감당하기 어려울 정도로 많았다. 그런데 시간은 너무나 비효율적으로 사용하고 있었다. 중요한 것을 먼저 하기보다, 미루고 미루다 결국 마지못해서 하는 일이 잦았다. 그녀는 낮과 밤이 바뀌어 있었다. 오후 1시쯤 일어나, 이것저것 하다 보면 오후 시간이 다 지나갔다. 저녁 먹고 인터넷 강의를 들으며 시간을 보내다 보면 어느새 12시가 되었다. 그러면 피곤이 몰려와 과제에 집중을 못 했다. 잠을 자려고 하면, 잠도 안 왔다. 그녀는 늘 새벽 5시까지 뒤척이다 잠이 들곤 했다. 그녀는 12시에 잠을 자고, 8시쯤 일어나면 정말 좋겠다고 말했다. 그러나 밤에 잠들지 못하는 습관은 벌써 수년째 계속되고 있었다.

"그렇게 하는데 장애가 되는 것은 무엇일까요?"

"잘 모르겠어요. 잠이 안 와요. 또 깨어서 과제를 해야 하는데, 그러기에는 몸이 안 움직여져요. 가슴이 답답하고 명치가 꽉 막히는 것 같아요. 특히 머리가 죽을 것처럼 아프고 그래서 아무것도 할 수 없어요."

"머리가 죽을 것처럼 아픈 게 어떻게 아픈 건가요?"

"머리가 붕 뜨는 것 같아요."

"그 느낌을 그대로 느껴보세요. 지금은 어떤가요?"

"좀 괜찮아지네요."

"뇌가 말을 한다면 어떤 말을 할 것 같아요?"

"너무 힘들어, 과제가 너무 많아, 죽을 것 같아! 이렇게 말하고 있어요."

"그러네요, 정말 지쳐서 힘든 것 같네요. 만약 과제를 하지 않으면 어떻게 될 것 같아요?"

나는 과제에 대한 압박감 때문에 생긴 신체 반응을 느끼게 하면서 그녀의 내면을 스스로 탐색해 들어가도록 도왔다. 그녀는 과제에 대한 부담을 감당하기 힘들 정도로 크게 가지고 있었다. 과제를 안 하면, 다음 주 하지 않은 것에 덧붙여서 해야 할 과제가 더해지니 그것을 생각하면 마음이 무거웠다. 또한, 과제를 안 하면, 성적이 잘 안 나오고, 그렇게 되면 취직에 지장이 생길까 봐 걱정하고 있었다. 그리고 과제에 대한 기대 수준도 매우 높았다. 고등학교까지 전교 상위권 수준을 유지했던 그녀는 높은 점수에 대한 기대가 컸고, 그만큼 완벽하게 과제를 완수하고자 했다.

나는 그녀의 말을 들으며, 그녀 안에 있는 내면아이와 현재의식간의 갈등이 느껴졌다.

"보세요. 유리씨 안의 작은 아이예요. 애는 지금 불안에 떨고 있어요. 겁이 나서 죽을 것 같아요. 과제를 안 하면, 마치 죽을 것 같은 공포심과 두려움을 실제로 느끼고 있는 것 같아요. 어떻게 생각해요?"

"맞아요, 지금 그러고 있어요."

"사실 과제를 잘하면 좋죠. 근데 스트레스를 받는 수준이 정말 높은 것 같아요. 원시시대, 사냥을 나갔다가 우연히 사자나 호랑이 같은 맹수와 마주쳤어요. 어떤 기분일까요? 죽느냐 사느냐? 하는 위기감이 들겠죠? 싸울 것인가 도망갈 것인가? 그런 극단적인 스트레스를 받겠죠. 다행히 위기를 넘겼어요. 어쨌든 맹수를 잡았다고 쳐요. 그러면 한 일주일 사냥을 가지 않고 쉬는 거예요. 그동안 안정감을 느끼며 푹 쉬어요. 그리고 사냥도 혼자 가지 않아요. 그래서 위기감이 있지만, 모종의 짜릿한 쾌감도 있어요. 아무튼, 중요한 것은 스트레스가 잠시 있지만, 상황이 지나면 한동안은 안정적인 상태에 있다는 것이죠. 그런데 만약 매일 또 하루에도 몇 번 뜻하지 않은 상황에서 사나운 맹수와 맞닥뜨린다고 생각해봐요? 그 스트레스가 얼마나 클까요? 나는 지금 유리씨가 그런 상태에 있는 것처럼 보여요. 어떻게 생각하나요?"

"네, 맞아요. 제가 딱 그래요. 그런데 어떻게 해야 할지 잘 모르겠어요."

그녀는 자기의 현 상태를 이해했지만 해결할 방법을 찾지 못해 혼란스러워했다. 방법을 찾고 적용하기 위해서는 먼저 자기 마음 상태를 제대로 이해하는 과정이 필요하다. 불합리한 행동을 반복하는 것은 어떤 심리적 이유가 있다. 그래야만 하는 이유가 숨어 있는 것이다. 그녀는 과제에 대한 압박감을 지나치게 크게 가지고 있었다. 보통 사람들은 과제를 완수하면 성취감을 얻는다. 그러면 성취감을 또 느끼기 위한 동기가 작용한다. 그것이 스트레스와 압박감을 기꺼이 감수할 수 있는 심리적 힘을 제공한다. 그 과정을 통해 성취감을 느끼고 성장한다는 것을 알기 때문이다. 그런데, 그녀에겐 그런 성취감이 별로 없어 보였다. 마치 죽지 못해 사는 사람처럼, 안 하면 안 되니까, 안 하면 마치 벼랑 끝에서 떨어질 것 같은 두려움이 있어서 가까스로 하는 것처럼 보였다.

"네 지금 그러고 있어요. 너무 힘들어요. 사는 게 정말 죽을 것 같아요."

"그동안 얼마나 힘들었어요."

그녀는 갑자기 커다란 눈망울에서 눈물을 뚝뚝 떨어뜨렸다.

"괜찮아요. 참 애썼다는 생각이 드네요. 그래도 용케 잘 견뎌왔네요. 사실 잘못된 것은 없어요. 잘하려는 마음이 정말 큰 것 같아요. 잘하고 싶죠? 그런데 그게 생각만큼 잘 안 되니 답답하고, 속상한데, 해결할 방법이 잘 보이지 않는 것 같네요. 게다가 잘하지 못했을 때 예상되는 결과를 너무도 끔찍하게 생각하는 것 같아요. 어쩌면 단지 성적이 조금 떨어질 수도 있고, 혹은 너무 피곤해서 지금 못하면 그냥 확 자버리고, 다음날 상쾌한 기분으로 일어나 과제를 하면 더욱 성과가 날 수도 있잖아요? 근데 그게 마치 죽을 것 같은 두려움처럼 느껴지는 것 같아요. 그래서 감당하기 너무나 벅차죠. 그런데 걱정은 되는데, 잘하고는 싶은데, 몸은 움직이지 않아요. 해야 하는데 하기는 싫고 그래서 집중해서 하지도 못해요. 그렇다고 마음을 푹 놔버리고 쉬지도 못하고. 잠도 그래서 잘 안 올 수 있어요."

"맞아요. 잠이 안 오는 것도 불안해서 그래요. 할 것은 있는데, 걱정하다 보면 잠잘 수도 없는 거예요. 그렇다고 일어나서 집중하기에는 몸과 마음이 너무 지쳐있어요. 그러면 또 그런 제가 한심스럽고, 걱정되고. 제가 그러고 있어요."

"그러게요. 그동안 아주 답답하고 힘들었을 것 같아요."

"어떻게 하면 좋을까요? 제 생활 패턴을 바꾸고 싶은데, 이게 정말 오래됐어요. 고등학교 때부터 그렇게 된 것 같은데 바꿀 수 있을까요?"

"물론 바꿀 수 있어요. 그런데 그 전에 먼저 좀 더 마음에 대해 살펴보면 좋을 것 같아요. 자기를 정확하게 이해하면 원인이 보이고, 원인을 알면 제대로 된 방법을 찾을 수 있어요. 유리씨를 움직이는 힘은 '안 할 수 없다'인 것 같아요. '하고 싶다'가 아니라, 안 할 수 없으니까 억지로 하게 되는 거죠. 그리고 이 '안 할 수 없다'가 유리씨의 몸과 마음을 통제하고 싶어 하는 것 같아요. 그런데 맘대로 잘 안되니까 답답하고 짜증나고 무력해지는 거죠."

"네 맞아요. 제 맘대로 몸과 마음이 잘 안 움직여요."

그녀는 대답하면서 목소리가 높아졌다. 자기의 그림자를 직면하고 있었지만, 한동안 이유를 몰랐던 답답함이 해소되며 자기를 탐구할 호기심이 생겨나는 듯 보였다.

"의식의 방이 있다면, '안 할 수 없다'가 주도권을 잡고 있다는 생각이 들어요. 그리고 얘가 다른 내면의 아이들을 누르고 있어요. 어떤 아이들이 있냐면, '너무 지쳤어, 쉬고 싶어'하는 아이가 있어요. 또 '억울해 짜증이나'하고 억울하고 화난 아이가 있어요. 자기 뜻과 다르게 상황이 돌아가는데, 그것에 무력하게 끌려가는 것을 억울해하고 그것에 화난 아이가 있는 거예요. 그리고 '좀 놀자'하고 싶은 아이가 있어요. 지금 상황을 어떻게 해결해야 할지 '혼란스러워'하는 아이도 있고요."

"네 맞아요. 맞아! 얘네들이 정말 힘들어하고 있어요."

"억울하고 화난 아이는 화를 내고 싶어 해요. 완전 산 넘어 산이에요. 한고비를 넘으면, 이제 좀 나아지겠지 하고 기대하고 참고 버텼는데, 생각지 못한 또 다른 장애물이 있어요. 이게 계속되니 지치기도 하고, 그런 상황이 억울하고 화나요. 내가 원했던 것이 이게 아니었잖아요? 그리고 더 나아질 조짐도 보이지 않아요. 그런데 화를 내지도 못해요. 지금 보니 나를 통제하려는 목소리가 하나 더 있네요. 바로 '갈등은 위험해'하는 목소리가 있는 것 같아요. 어떤가요?"

"그래요. 그래! 그래서 제가 화도 못내요. 화를 내면, 엄마와 싸워야 하니까. 싸워봤자 해결되는 것도 없고, 결국 서로 감정만 상하고 더 나빠져요." 그녀는 속이 시원하다는 듯이 자기의 속마음을 털어놓았다.

"그러게요. 그러니까, 화내지도 못하고, 지쳐있는데 쉬지도 못하고, 쉬면 또 불안하잖아요? 그렇다고 열심히 하고 싶은 마음도 안 들고, 왜냐하면, 내면에서 이렇게 갈등하고 있는데, 또 불만을 품고 있고, 놀고 싶은 아이들이 있는데, 애네들을 억누르고 있어야 하잖아요? 그렇게 하는데 에너지가 정말 많이 소비되거든요. 말을 냇가에 끌고 갈 수는 있어요. 근데 물은 말이 스스로 먹어야 하잖아요? 끌고 간 사람이 먹일 수 없죠. 어떤 생각이 드나요?"

"그러네요. 맞아요. 제가 그런 상태예요. 할 수 있는 시간이 있는데, 하지 않고 버티고, 마음만 해야 하는 데 하고, 막상 시간이 주어지면 아무것도 안 하며 버티고 있었던 이유가 뭔지 알겠어요."

"지금 기분이 좀 어떤가요?"

"좀 편안해지는 것 같아요. 아까 처음에 있었던 답답하고 몸이 처진 듯한 느낌도 사라졌어요. 빨리 방법을 알고 싶어요. 어떻게 하면 좋을까요?"

"이제 많이 왔어요. 이해하면 만나면 돼요. 만나면 풀 수 있어요. 제 생각에는 먼저 통제자부터 만나면 좋을 것 같아요. 통제자는 '해야만 해!', '안 하면 안 돼!'하고 나를 통제하려는 강력한 목소리예요. 괜찮을까요?"

"네, 괜찮아요."

그녀는 약간 긴장하며 대답했다.

"잠깐 제가 통제자의 역할을 해줄 테니 마음으로 들어보고, 하고 싶은 말이 있으면 반박해도 괜찮아요." 나는 그녀의 동의를 얻고 통제자의 말을 들려줬다.

"너 지금 제정신이야? 네가 그러면 안 되잖아!"

"너 이것 못하면 끝장이야, 사회생활도 못해! 낙오자가 된다고!"

"네가 원하는 게 이거야? 너 이것밖에 안 되는 아이였어?"

"지금까지 해온 게 아깝잖아! 조금만 더 기운 내자!"

"야, 나 지쳤다. 너 진짜 한심한 아이구나! 언제까지 기다려야 하는데!"

"혹시 하고 싶은 말이 있나요?"

"할 말이 없네요. 다 맞는 말이네요."

그녀는 풀이 죽은 듯 아무 말도 못하고 있었다. 마치, 내면의 통제자에게 무력하게 이끌려 왔던 지난 시절의 그녀를 보는 듯했다. 내면의 통제자는 사실 그녀의 엄마의 내면화된 목소리였다. 공부가 제일이라고 생각했던 그녀의 엄마는 초등학교부터 그녀에게 높고 엄한 기준을 내세우며 몰아세웠다고 한다. 그녀는 엄마를 마녀라고 지칭했다. 마녀의

목소리가 자기 어깨에 올라타서 자기에게 끝없이 잔소리해대고 있다고
말했다.

"통제자에게 하고 싶은 말이 있나요?"
"나를 좀 내버려 달라고 하고 싶어요. 그리고 나도 잘 할 수 있으니까,
좀 기다려 달라고 말하고 싶어요."
"그래요, 그럼 그렇게 말해보세요."

그녀는 용기를 얻어, 통제자에게 자기의 속마음을 말했다.

"난 네가 벅차, 네가 그렇게 따지지 않아도 잘 알고 있거든. 나도 잘 할
수 있다고."
"그런데 왜 그렇게 안 해? 난 네가 걱정되어서 하는 말이야. 잘 안 될
까 봐!"
"정말? 근데 난 너 때문에 힘들어, 오히려 나를 주눅 들게 해서 더 못
하게 된다고."
"그래, 그랬구나. 그랬다면 정말 미안해, 나는 네가 그런 줄 몰랐어.
난 너 잘되라고 한 말이었는데, 오히려 힘들었다니 미안해. 그럼 진작
그렇게 말하지 그랬어?"
"그때는 잘 몰랐었지, 이제는 확실히 알았어. 네가 좀 너무하는 것 같
아."

"그래. 네가 네 욕구를 분명하게 말하는 게 대견하다는 생각이 드네.
말해줘서 고마워. 그럼 내가 앞으로 어떻게 해주면 좋을까?"

"나를 격려해주면 좋겠어. 그러잖아도 힘들어 죽겠는데."

"그래, 그랬네. 정말 미안해, 사과한다. 앞으로 널 더 많이 알아줄게,
격려도 하고, 그리고 이런 말을 할 수 있는 것을 보니 좀 믿음이 간다.
고마워."

그녀는 통제자와 대화를 하면서, 자기를 감시하고 혼내던 통제자의
목소리를 지지하고 격려하는 후원자의 목소리로 전환했다.

"마음이 한결 편안해지네요. 통제자와 어떻게 대화해야 할지 알 것 같
아요."

그녀는 한결 후련해진 듯한 표정으로 말했다.

"상위자아란 개념이 있어요. 수호천사라고 생각하면 돼요. 누구에게
나 있는 존재예요. 항상 나와 함께 있으며 나를 보호해주고, 나에게 힘
과 지혜를 주고 있는. 한번 만나볼까요? 상상으로 만나면 되는 거예요.
긴장을 풀고, 나의 수호천사가 나에게 말을 한다고 상상하며, 가슴으로
들어보세요."

"그래 애썼다. 네가 포기하지 않고 여기까지 온 게 정말 대견해. 나는
언제나 네 편이야. 네가 내 존재를 잘 모르고 있을 때도 난 항상 너와 함
께 있어. 너를 믿어주고, 너를 보호해주고 있단다. 걱정하지 않아도 괜

찮아. 걱정할 수 있어. 그런데 걱정 안 해도 괜찮아. 너는 지금 여기에서 네가 할 수 있는 것, 가치 있는 것 그것만 하나하나 해나가면 돼! 만약 너무 힘들면 안 해도 괜찮아! 넌 결국 잘 해낼 거야. 지금까지 포기하지 않고 살아온 네가 정말 대단하다. 앞으로 더 잘 될 거야! 너는 잠재력이 정말 대단해. 너의 잠재력이 뿜어져 나오는 모습이 기대된다. 난 항상 네 편이야. 나를 기억해주면 좋겠어."

자기의 상위자아를 만난 그녀의 눈에 따뜻한 눈물이 흘러내렸다.

"그 상위자아를 자신의 심장으로 데려오세요. 심장에 부드럽게 안착시킵니다. 심장을 밝은 에너지로 감싸 안아줍니다. 몸 전체로 확장해 보세요. 세포 하나하나에 따뜻하고 부드러운 에너지가 충만해지는 것을 느껴보세요." 그녀는 상위자아와 충분한 교감을 나눈 후에 눈을 떴다.
"눈이 확 밝아졌네요. 신기해요. 상위자아가 나를 보호해주는 느낌이 들었어요. 자신감이 생겨요."

그녀는 한결 밝아진 미소로 대답했다.
얼마 후 만난 그녀는 잠을 너무 잘 자서 살이 포동포동해졌다고 웃으며 말했다. 모든 과목에서 A를 받았다는 반가운 소식도 들려주었다. 그렇게 말하는 그녀의 얼굴과 표정에는 생기가 가득했다.

그 생각이
진실인가

나의 현실을
증거하는 신념

어떤 사람은 '나는 부족해서 다른 사람의 사랑을 받기 어렵다'는 신념을 갖고 있다. 어린 시절 가까운 양육자에게 충분한 사랑과 인정을 받는 경험이 부족할 때, 이러한 신념을 갖게 된다. 사실 강도는 다르지만 모든 사람은 자기 자신에 대해 어느 정도 부족하다는 생각을 품고 살아간다. 이것은 생존과 진화에 유리한 생각이기 때문이다. 왜냐하면, 부족하다는 생각은 그것을 극복하려는 의지와 노력을 불러오고, 그 결과 자신의 열등함을 극복하며 성장하게 되기 때문이다. 그러나 이 생각이 지나치면 전혀 다른 결과가 올 수 있다.

'나는 부족해! 부족한 내가 싫어!'하는 생각은 열등감의 근원이 된다. 우리는 자신을 사랑한다. 또한, 다른 한편에서는 자신을 혐오스럽게 생각하기도 한다. 자기 머리를 쥐어박으며 자책하는 것이다. 이러한 사람은 타인의 평가에 지나치게 예민해지고, 남의 시선을 많이 의식하게 된다. 지나친 자기 비하에 빠지기도 한다. 자부심을 느낄만한 일을 해 놓고도 자부심을 느끼지 못하는 경우도 많이 있다. 자기평가 방식이 잘못됐기 때문이다.

어떤 청년은 어려운 영어시험을 잘 보고 나서도 "별것 아녜요, 다른 친구들은 점수가 훨씬 높은걸요, 아직 너무 부족한걸요."라고 말한다. 또 어떤 여성은 2개월 만에 체중을 5kg이나 빼고 기뻐하기는커녕 "아직 멀었어요. 금방 또 살이 찔 텐데요…."하고 비관적인 말을 한다. 자신이 노력해서 성취한 것을 스스로 인정하기가 어렵기 때문이다. 자신의 공들인 성취도 '나는 부족하다'는 필터로 받아들이는 것이다.

또한. 이러한 생각은 타인과 친밀한 관계를 맺고 오랫동안 유지하는 데 장애를 가져온다. 속으로는 좋아하지만, 관계가 가까워지면 '부족한 나를 알게 되면 버려질지도 모른다.'는 깊은 마음속 불안이 올라오기 때문이다.

'나의 진짜 모습을 알면 위험해, 아마 나를 떠나게 될 거야!' 이런 불안은 관계가 가까워지는 것에 저항을 불러온다. 그리곤 상대의 결점을 찾기 시작한다. 상대의 결점들을 찾아서 더 가까워지지 못한 합리적인 이유를 만들려고 하는 것이다. 문제가 있는 사람과 관계가 깊어지게 되면 위험하기 때문이다. 그래서 결점을 찾고, 결점을 크게 만들고, 결점을 트집으로 관계가 소원하게 만든다. 그렇게 관계가 멀어지면 외로움에 쓸쓸해 하다가 다시 또 새로운 관계를 찾아 나선다. 그러다 관계가 깊어질 것 같으면, 다시 불안이 올라와 갈등을 일으킨다. 이렇게 관계를 멀리하거나 단절하는 과정을 자기도 모르게 반복하게 된다. 그 결과 '나는 사랑 받을 수 없다'는 혹은 '정말 사랑하는 사람을 만날 수 없다'는 자기 신념을 스스로 확인한다.

어떤 생각을 진실이라고 믿으면 신념이 된다. 신념은 어떤 생각이 정말 그러하다는 확실한 느낌이다. 이 느낌에 반하는 생각에 우리는 저항한다. 심지어 자기에게 불리한 신념이라도 이미 잠재의식에서 받아들였다면, 진실로 믿고 그 신념을 유지하려는 관성이 생기는 것이다. 이렇게 만들어진 신념은 현실을 보고 해석하는 필터가 된다. 우리는 해석한 대로 자동 반응하며 인생을 살아간다.

한 여성이 동아리 남자 선배를 좋아했다. 고백하고 싶은데 얼굴이 붉어지는 안면홍조 때문에 고백하기가 어려웠다. 좋아하는 선배 앞에만 서면 가슴이 뛰고, 얼굴이 붉어져서 말을 꺼내기가 힘들었다. 고민 끝에 심리상담사를 찾았다. 상담사는 안면홍조가 방어기제라고 진단했다. '나는 사랑 받을 만한 가치가 없는 사람이야. 그래서 고백을 하면 거절당할 거야.' 하는 자기에 대한 부정적인 신념이 안면홍조라는 증상을 만들었다는 것이다. 안면홍조가 있으면 고백을 하지 않아도 된다. 고백을 안 하면 거절당할 이유가 없어진다. 거절당하지 않으면 나는 가치 없는 사람이란 진실을 보지 않아도 되는 것이다. 거절당하는 위험에 빠지는 것 보다, 고백을 안 하고 외롭게 있는 것이 더 좋다는 무의식적인 판단이 작용한 것이었다. 결국, 이 여성에게 필요한 것은 나는 사랑 받기에는 부족하다는 자기에 대한 신념을 바꾸는 것이었다. 아들러의 심리학을 소개한 '미움받을 용기'에 나오는 사례다.

자신이 머리가 좋다고 믿는 어떤 학생이 있었다. 중학교 때까지는 전교 상위권 수준의 성적이 나왔다. 고등학교에 들어가니 상황이 달라졌다. 예전처럼 해서는 잘 따라가기 어려웠다. 머리가 좋다고 생각했었는데, 우물 안 개구리였다. 머리 좋은 것보다 열심히 노력하는 것이 더 중요했다. 게다가 머리가 좋은데 열심히 하는 친구들도 많았다. 잘 안 풀리는 문제가 나오면 끙끙 앓기 시작했다. 쉽게 풀리지 않는 문제들은 학생을 당혹스럽게 만들었다. 생각만큼 자신이 머리가 좋지 않을지도 모른다는 생각은 불안을 유발했다. 스트레스를 받을 때마다 게임을 하기 시작했고, 게임을 하면서 점점 더 게임에 빠져들었다. 시험의 결과는 당연히 안 좋아졌다. 그러나 시험을 못 본 것은 머리가 나빠서 그런 것이 아니고 게임을 하느라 충분히 공부하지 못했기 때문이라고 생각했다. 단순히 머리가 좋다는 신념을 지키기 위해 게임이란 회피 기제를 만들어 그것에 빠지게 된 것이었다.

우리는 믿는 것을 보고, 믿는 것을 경험한다. 이것은 마음의 작동 원리다. 그래서 다른 현실을 경험하기 위해서는 다른 것을 믿을 수 있어야 한다. 다른 것을 믿기 위해서는 먼저, 지금 현재 자기 안의 믿음, 즉 신념들을 살펴볼 필요가 있다. 나는 어떤 신념을 갖고 있는가? 신념은 자신이 믿는 것을 확인시켜주는 경험을 만들어 내기 때문이다.

하버드 대학의 심리학자 랭거Ellen Langer교수는 여러 호텔 청소부들 42명에게 청소 활동의 운동 효과에 대해 설명해 주었다. 15분간 시트를 가는데 40cal가 소모되고, 진공청소기를 들고 15분만 청소하면 50cal가 빠진다는 것을 알려주었다. 또한, 하루에 열다섯 개의 방을 치우는 것은 두 시간 반 동안 운동하는 것과 같다는 사실을 차트를 보여주며 자세하게 설명해주었다. 한 달 후 설명을 들은 청소부들의 건강을 검진해보았더니 실제로 체중, 허리둘레, 지방, 혈압이 감소하는 변화가 나타났다. 설명을 듣지 못한 다른 청소부들의 몸에는 아무런 변화가 없었다. 랭거 교수는 이런 차이에 대해서 "청소하면 몸을 움직일 때마다 칼로리가 빠져나간다고 생각하니 실제로 지방이 빠져나간 겁니다."하고 설명한다. 청소라는 행위를 바라보는 생각이 바뀌자 몸이 변화한 것이다.

잠재의식은 워낙 강력하기 때문에, 어떤 것을 사실로 믿으면 실제로 그런 일이 일어난다. 결과는 밖에서 일어나지만, 원인은 마음 차원에 있는 것이다. 변화하고 바뀌겠다는 내면의 결심은 변화할 수 있는 마음의 힘을 강화한다. 자기를 바꿀 수 있다는 강력한 믿음은 실제 삶을 변화시킨다.

'난 약하고 보잘것없어!'
'진짜 나를 안다면, 사람들은 나를 무시하고 외면할 거야'
'집안 내력 때문에 언젠가 병이 걸릴 거야'
'학벌이 좋지 않아서 성공하기는 어려워'
'나이가 많아서 기회가 많이 없어'
'나는 연애할 체질이 아닌가 봐! 문제가 많아서 연애를 못해!'
'돈이 없고 능력도 없기 때문에, 멋진 삶을 살 수 없어!'

'사람들은 이기적이고, 믿을 수 없어!'

'세상은 이미 포화상태라서, 더 이상 기회가 없어!'

우리는 자기도 모르게 입력된 부정적인 신념을 갖고 세상을 살아간다. 심어진 신념은 세상을 보는 필터가 된다. 신념을 기반으로 세상을 해석하고, 신념에 따라 반응하면서, 신념을 증거 하는 삶을 살아가는 것이다. 운동을 잘 못 한다는 신념을 갖고 있으면 실제로 운동을 잘 못하게 된다. 이로 인해 운동을 잘 못 한다는 신념은 더욱 강력해진다. 머리가 나빠서 공부를 잘 못 한다는 신념을 갖고 있으면 실제로 공부를 잘 못하게 된다. 이로 인해 머리가 나쁘다는 신념은 더욱 강력해진다. 나도 모르게 잠재의식에 흡수된 신념은 삶에서 그대로 실현되는 것이다.

과거와는 다른 결과를 얻기 위해서는, 잠재의식에 입력된 모든 부정적인 신념들의 원인과 결과를 뒤집을 수 있어야 한다. 그렇게 하기 위해서는 먼저 일어나는 생각들을 잘 관찰할 필요가 있다. 잠재의식에 어떤 신념들이 프로그램되어 있는지 자각할 수 있어야 하기 때문이다. 이때 주의력을 발휘할 필요가 있다. 마음이 부정적인 생각을 표출하는 것을 알아차리고 경계할 수 있어야 한다. 그러면 부정적인 생각에 대한 지각 능력이 향상되고, 그 영향에서 벗어날 힘을 갖게 된다. 현실은 나의 신념을 보여주고 있다.

생각의 한계에서
벗어나기

우리가 어떤 생각을 가지면, 그것에 대한 확증편향이 생긴다. 확증편향은 자신의 신념과 일치하는 정보만 받아들이려고 하는 마음의 경향성이다. 외제 차를 갖고 싶다면, 도로에 외제 차만 보이듯, 어떤 사람이 무책임하다고 생각하면, 그 사람의 무책임한 행동만 의식에서 포착하는 것이다. 내가 부족하다는 생각을 가지면, 좋은 것, 잘하는 것은 당연하다고 여겨 간과하고 부족한 모습만 포착할 것이다. 마치 현미경을 갖고 특정 부위만을 확대해서 바라보듯, 우리는 잠재의식에서 받아들인 특정한 생각에 맞춰서 자기 자신과 세상을 인식하고 해석한다. 그 인식과 해석에 따라 행동하게 되고 행동의 결과를 운명으로 경험하게 된다.

운명을 바꾸기 위해서 가장 먼저 해야 할 일은 무엇일까. 바로 우리의 잠재의식에 심어진 신념을 점검해 보는 것이다. '지금껏 믿어왔던 내 생각이 진실이 아닐 수도 있다'는 것은 상담 중에 사람들이 중요하게 깨닫는 자각이다. 우리가 생각을 더 많이 자각하면 자기 생각에 더 많이 영향받지 않을 수 있다. 생각은 우리가 진실이라고 믿을 때만 힘을 갖게 되기 때문이다. 생각을 단지 생각으로 바라볼 수 있는 힘이 있을 때, 잠재의식에 이미 심어진 부정적인 신념의 영향에서 벗어날 수 있다. 운명의 반복된 트랙에서 벗어나 다른 인생을 살아갈 수 있는 틈이 열리기 시작한다.

생각은 우리에게 도움을 주지만 어떤 생각은 생각 자체가 고통의 원인이 되기도 한다. 생각이 자기를 괴롭히는 것이다. 누군가에게 인사를 했는데 안 받았다면, 밤새 '왜 인사를 안 받았을까?', '왜 나를 무시한 건가?', '내가 무엇을 잘못 했나?'라는 생각에 빠져 잠을 못 이룰 수도 있다. 인사를 안 받았다는 단순한 사실에 생각을 덧붙여 끝없이 스토리를 만들며 자신을 괴롭히는 것이다.

생각을 건강한 쪽으로 흘러가게 하기 위해서는 잠재의식의 신념구조를 변화시켜야 한다. 미국의 임상심리학자이자 불교 명상가인 타라 브랙은 생각을 일종의 '가상현실'이라고 말했다. 우리는 실제 현실이 아니라, 생각이 만든 가상현실의 삶을 살아가고 있는지도 모른다. 생각이 만든 가상현실에서 깨어나기 위해서는 먼저 자신의 생각을 자각할 수 있어야 할 것이다.

나는 지금 어떤 생각을 하고 있는가? 주의를 자신의 생각으로 돌려, 내 안에서 어떤 생각들이 일어나고 있는지 관찰해보자. 명상은 마음을 고요하게 만들어 일어나는 생각들을 깨어서 관찰할 수 있는 정신적 힘을 길러주는 지금껏 알려진 최고의 방법이다. 명상을 꾸준히 하다 보면,

조건과 상황에 따라 순간적으로 일어났다 사라지는 생각을 더 자주 알아차릴 수 있게 된다. 생각과 거리두기를 하며 생각의 영향에서 벗어나 생각을 활용할 수 있는 힘을 갖게 된다.

그 다음에는 잠재의식에 심어진 자신의 생각과 믿음에 대해서 탐색해 보는 것이다. 신념은 행동의 배후에 있는 핵심 생각이다. 현실에 절대적인 영향을 미치는 생각이다. 잘못된 신념을 갖고 있다면 우리의 생각은 원하지 않는 잘못된 방향으로 흘러간다. 우리의 현실도 그렇게 흘러갈 것이다.

상담으로 만난 젊은 청년은 '나는 절대로 여자친구를 사귈 수 없을 거야.'라고 생각했다. '결혼은 절대로 할 수도 없고, 해서도 안 돼.'라고 생각했다. 그 속에는 '누군가 가까워지면 나에 대해서 실망하게 될 거야.', '나는 상처가 많고, 인간관계가 젬병이고, 결혼하면 불행해질 거야.'라는 믿음이 있었다.

"그 생각이 진실인가요?" 나는 그의 믿음을 확인한 후에 질문했다. 그는 뜻밖의 질문에 잠시 머뭇거리며 "네 맞아요."라고 확신하며 말했다.

"그 생각이 진실이란 것을 어떻게 알 수 있나요?" 그는 잠시 머뭇거리다, 생각 뒤에 있는 믿음들에 대해 대답했다.

"저는 제가 싫어요, 자존감이 바닥입니다. 이런 나를 누가 좋아할 수 있겠어요? 만약 사귀더라도 싸우고 고통스럽게 헤어지게 될 거예요, 그럴 바에 차라리 안 사귀는 것이 나아요."

"그렇군요. 그 생각을 진실이라고 믿을 때, 어떤 느낌이 드나요?"

"제가 한심하죠, 답답하고, 우울해요, 미래를 생각하면 쓸쓸하고, 이번 생은 망한 것 같아요, 그런 생각들이 자꾸 들어요."

나는 그에게 지금 일어나는 생각과 느낌들을 공감해주며, 밑바닥에 숨어 있는 더 깊은 생각과 감정, 느낌들을 만날 수 있도록 안내해 주었다. 처음에 가졌던 '여자친구를 사귈 수 없을 거야. 결혼은 절대로 할 수 없어'라는 생각이 '진실이 아니다'라는 깨달음으로 바로 이어지지는 않았다. 그러나 자기 생각에 대해서 '이 생각이 진실인가?', '진실이란 것을 어떻게 알지?'라고 질문하면서 탐구하는 것만으로도, 당연시 해왔던 생각에 떨어져서 바라볼 수 있는 여유와 심리적 공간이 만들어졌다. 신념이 무의식적으로 만들어가던 삶의 방향에 제동을 걸며 다른 삶으로 탈바꿈할 수 있는 가능성이 열리는 것이다.

사실 우리가 겪는 많은 고통의 원인은 나 자신에 관하여 잘못된, 혹은 제한된 믿음을 갖고 있기 때문이다. 대부분 그 믿음은 외부의 어떤 기준에 의해서 비롯된다. 나 자신을 가치 없다고 느끼거나 미래를 불안하다고 여기는 것 같은, 내가 믿고 있는 많은 것들은 다른 사람들의 기준을 자기도 모르게 받아들인 결과다.

사랑받을 수 없다는 그의 신념 이면에는 다양한 이야기가 숨어 있었다. 아주 높은 기준으로 엄격하게 자기를 통제해 왔던 부모님, 학교에서 선생님과의 갈등, 친구들에게 왕따당했던 슬픈 기억들. 제대로 만나고 치유 받지 못한 기억들 하나하나가 모여 '나는 사랑 받을 수 없다'는 생각을 마치 단단한 대리석에 새겨진 글씨처럼 고정불변의 진실이라고 믿게 만들고 있었다. 그는 그 믿음이 가리키는 방향으로 맥없이 삶이 흘러가도록 허용하고 있었던 것이다. 상담 과정 동안 내내 그는 울고, 웃고, 허탈해하고, 화내고, 답답해하고, 부끄러워하며 자기 안에 숨겨왔던 이야기들을 털어내고 비워냈다. 그렇게 몇 달이 흘렀다. 그는 얼마 전부터 예쁘고 똑똑한 여자친구를 사귀고 있었다. 한결 밝아진 모습의 그에게 물었다.

처음에 내게 "여친을 절대 사귈 수 없을 거야."라고 했는데, 그 생각에 대해서 어떻게 생각해요?

"제가 그랬었나요? 어유, 말도 안 되는 생각이죠."

생각은 생각일 뿐 진실이 아니다. 생각을 진실이라고 믿을 때만 생각은 우리를 지배한다. 생각에 따라오는 감정과 이야기들이 치유되고, 비워지면 생각은 깃털처럼 가벼워진다. 집착된 생각이 바람에 흩날리는 꽃잎처럼 마음에서 떠나간다. 잠재의식에서 다른 생각을 받아들일 수 있는 마음의 공간이 회복된다. 다른 생각을 믿으면 다른 운명이 시작된다. 만약 나를 괴롭히는 특정한 생각을 내려놓을 수 있게 된다면 어떻게 될까? 만약 그 생각이 없다면, 그 생각을 할 수 없다면 나는 누구일까?

"인간의 마음은 정작 가장 큰 꿈들이 이루어지는 걸 두려워해. 자기는 그걸 이룰 자격이 없거나 아니면 아예 이룰 수 없으리라고 생각하기 때문에 그렇지."

- 코엘류의 연금술사

보이지 않는
신념 찾기

"남편 때문에 너무 화가 나. 남편하고는 도대체 말이 안 통해!"

"일에 스트레스가 너무 많아서 술을 끊을 수가 없어!"

"아이들에게 소리치고 욕했어. 날 너무 화나게 하니까 나도 어쩔 수가 없어!"

"난 언제나 외로워. 그 사람은 예전과 달라졌어. 나에 대해 전혀 신경 쓰지 않아."

"무기력하게 살아가는 내가 싫어. 하지만 어쩌겠어. 내가 할 수 있는 것이 없어!"

많은 사람이 우리의 행복과 불행이 외부에서 온다는 믿음을 갖고 있다. 우리가 무엇을 가졌는지, 타인이 우리에 대해서 어떤 생각과 평가를 하고 있는지, 우리가 타인에게 인정받고 있는지 등이 우리의 존재 상태를 결정한다고 믿는 것이다. 이러한 잘못된 신념의 결과로 자신을 환경의 무기력한 희생자로 받아들인다. 우리의 감정, 존재 상태는 환경과 다른 사람이 자신을 대하는 방식에 따라 달라지는 어쩔 수 없는 결과라고 믿는 것이다.

이러한 생각에 사로잡혀 있다면 스스로 행복해질 수 없을 것이다. 마치 동화 속의 신데렐라를 꿈꾸는 순진한 어린아이처럼, 누군가 다른 사람이 와서 나를 행복하게 해주기를 기대하거나, 다른 사람을 바꿔야지만 내가 행복해질 거라는 생각에 갇혀버리기 때문이다.

먼저 내 안에 어떤 신념이 있는지 탐구해보자. 어떤 신념들은 너무도 명백해 쉽게 찾아낼 수 있을 것이다. 그러나 어떤 신념들은 숨어 있어서 잘 보이지 않을 수 있다. 명백하게 내가 경험하는 현실을 통제하고 있지만 당연하다는 생각 속에 숨어 있어서 잘 인식하지 못하는 것이다.

우리는 숨어 있는 신념들로 현실을 인식한다. 현실을 해석하고 반응한다. 반응의 결과로 현실을 창조한다. 숨어 있는 신념들은 잠재의식을 구성하고 있다. 이 신념들을 의식화해서 내 삶에 어떻게 작용하고 있는지를 깨달아야 한다. 만약 부정적으로 작용하는 신념들이 있다면, 이들을 변화시키는 것은 미래를 바꾸는 가장 중요한 전제조건이 될 것이다.

잘못된 믿음을 근원적으로 바로잡고 내면의 평화를 형성하지 않는다면, 문제를 해결하려는 노력은 피상적인 변화로만 이어지는 경우가 많다. 어떤 알코올 중독자가 열심히 노력해서 술을 끊었다. 그러나 알코올 중독의 근본적 원인인 잘못된 믿음과 오래된 상처를 치유하지 않는다면, 그는 내면의 공허함을 채우고 두려움과 고통을 잊기 위해 다른 중독으로 빠져들 수 있다.

고통의 가장 근본적인 원인은 우리의 잘못된 믿음 때문이다. 잘못된 믿음은 우리 안의 성인자아와 내면아이 사이의 갈등을 불러온다. 심리적 고통, 두려움, 우울증, 질병, 공허하고 잘못된 관계, 불만족스러운 직업, 무능력, 가난, 물질중독, 관계중독, 외로움, 자살 등 우리가 삶에서 겪는 많은 문제의 원인은 이러한 단절과 갈등에 기인한다.

"나는 나쁜 사람이고, 가치 없고, 중요하지 않고, 하찮고, 사랑받을 자격이 없고, 단점이 많고, 능력이 없고, 부족한 사람이야." 많은 사람의 잠재의식 깊은 곳에는 자기에 대한 부정적 믿음이 숨어 있다. 이런 믿음은 삶을 부정적인 방식으로 이끈다.

잘못된 믿음은 심리적 고통, 불안, 우울증 등의 원인이 된다. 사랑을 주고받으며 성장하고, 성취하는 기쁨을 느끼는 것을 방해한다. 결국, 우리를 불행하게 만드는 것은 외부의 사건이나 다른 사람의 행동이 아닌 자신의 잘못된 신념이다.

당신의 잠재의식에 숨어 있는 보이지 않는 신념은 무엇인가?

물질, 활동, 사람 등 어떤 것에 대한 지나친 집착은 "나는 나 자신을 행복하게 만들 수 없어. 내가 아닌 다른 사람이나 물건만이 나를 행복하게 만들 수 있을 거야."라는 잘못된 믿음에서 비롯된다.

다른 사람에게 습관적으로 화를 내거나 위협하는 등, 노골적으로 통제하려고 하는 것은 "다른 사람이 나를 인정하고 사랑하게 만들 수 있어. 다른 사람의 마음을 내 의지로 바꿀 수 있어."라는 믿음이 숨어 있다.

또한, 다른 사람을 지나치게 돌봐주거나 과도한 친절을 통해 상대방의 인정을 받으려는 시도는 "내 감정은 다른 사람의 감정만큼 중요하지 않아. 나는 다른 사람의 감정에 책임이 있어."라는 믿음을 나타내고 있다.

이러한 신념은 어린 시절 형성된 내면아이의 믿음이다. 어린 시절 받았던 상처와 부정적인 경험의 결과 자기 자신과 타인, 세상에 대한 잘못된 생각을 하게 된 것이다. 치유는 내면아이와 내적으로 다시 연결하는 것이다. 내면아이의 잘못된 신념을 인식하고 바로잡는 것이다.

잘못된 믿음이 사라지면 비로소 자기 자신을 사랑할 수 있다. 거짓된 것에 의존해서 자신의 존재가치를 증명하려고 하지 않게 된다. 자기를 '지금 이대로도 괜찮다'라고 받아주고 좋아하게 된다. '부족하지만 노력하면 잘 할 수 있어'하는 자기효능감이 생겨난다. 삶에서 주어지는 기회들을 발견하고 기꺼이 도전하며 성장해나간다.

그 생각이 진실인가

그것이 진실인가요? 우리가 믿는 것은 우리에게 진실이 됩니다.

－바이런 케이티

'나는 능력이 없어.'

'나에겐 기회가 잘 오지 않아'

'아무도 나를 사랑하지 않아'

'나는 돈과는 인연이 없나 봐'

생각은 우리가 무엇을 믿고 있는지를 보여준다. 문제가 있을 때마다, 습관적으로 떠오르는 생각을 잘 살펴보자. 어떤 생각은 도움이 되지만, 어떤 생각은 불리하게 작용한다. '낯선 사람을 조심하라'는 말은 어린아이에게 좋은 충고일 수 있다. 그러나 어른이 되어서도 그대로 믿고 있다면, 그 생각이 우리를 작고 외롭게 만들 것이다.

30대 후반의 명진씨는 성공에 대한 열망이 컸음에도 불구하고 필요한 행동을 계속해서 미루고 있었다. 그의 잠재의식에는 행동에 저항하는 생각들이 숨어 있었다.

　　"내가 정말 원한다면 나는 성공할 수 있어요."

　　"저도 그럴 거라 믿어요. 그러나 현재는 어떤가요? 그런데도 그렇게 하지 않는 이유는 무엇인가요?"

　　"거절에 대한 두려움이 큰 것 같네요." 그는 잠시 침묵하고 말했다.

　　"만약 거절에 대한 두려움이 제로가 된다면 어떻게 될 것 같은가요?"

　　"그러면 정말 자유롭게 될 것 같아요. 누구를 만나도, 편하게 나의 좋은 의도와 생각을 표현하며 신나게 원하는 것을 이뤄나갈 수 있을 것 같아요."

　　"그러면 정말 좋겠네요. 그런데 그렇게 하지 않은 또 다른 이유가 있을까요?"

　　"실패에 대한 두려움, 내가 정말 그런 능력이 있을까? 나는 그런 능력이 없는 것은 아닐까? 지금 보니까 능력이 없는 것, 무능력한 것이 드러나는 두려움이 있네요."

　　"그렇군요. 만약 실패에 대한 두려움이 없다면, 두려움이 제로가 된다면 어떻게 될 것 같은가요?"

　　"결과에 신경을 잘 안 쓰겠죠. 그냥 해보고 안 되면 다른 방법을 써보고 어쨌든 원하는 목표가 있으면 그냥 실행하면서 개선해 나갈 것 같아요."

"만약 결과에 신경을 안 쓰고 그냥 실행하고 개선해 나가면 무엇이 달라질까요?"

"설사 최초의 목표는 달성하지 못하더라도 어느 정도 성취는 해내지 않을까요?"

"그러네요. 최초의 목표는 아니더라도 꾸준히 성취하면서 성장할 수 있겠네요. 그런데 그렇게 하지 않는 이유는 무엇인가요?"

"아, 그러네요, 내가 정말 문제가 뭔지 알겠네요(그는 한참을 침묵하고 나서 말했다). 제가 원하는 것보다 거절에 대한 두려움이 더 컸던 것 같네요."

"와, 정말 놀라운 통찰이네요. 더 말해줄 수 있을까요?"

"지금 보니까, 거절당하지 않기 위해서는 미루는 방법이 최선이었네요. 저의 실제 능력에 대한 의심이 컸던 것 같아요. 정말로 능력이 없으면 어떡하지? 이런 걱정과 불안이 행동하는 것을 계속 막아 왔다는 생각이 들어요."

"나는 원하면 할 수 있어. 그런데 행동은 계속 미뤄요. 이런 태도가 나오기 위해서는 어떤 신념이 있어야 할까요?"

"나는 능력이 없다. 나는 부족하다."

"그러네요. 그리고 또 어떤 신념들이 있어야 할까요?"

"내가 부족하다는 것을 나나 다른 사람이 알게 하면 안 된다. 그것은 수치스러운 일이다. 나는 내가 부끄럽고 수치스럽다. 와! 이게 나의 진

짜 신념이었군요. 나는 무엇이든 할 수 있어, 잘 할 수 있어. 라고 생각
했는데 이런 생각이 숨어 있을 줄은 생각도 못 했어요."

"명진씨가 정말 통찰이 깊네요. 대단해요. 보통 사람들은 밑바닥에 이
러한 신념들을 갖고 있어요. 그런데 이 신념들은 숨어 있어서 잘 안 보
여요. 그렇지만 우리는 이러한 신념들을 통해 세상을 보고, 행동합니다.
우리 현실은 우리가 어떤 신념을 가졌는지 보여줘요."

"그러네요. 갑자기 두려운 생각이 듭니다. 생각을 정말 잘해야겠다는
생각이 들어요. 정말 반전입니다. 제 안에 두려움과 수치심이 이렇게 크
게 있는지 몰랐어요. 그런데 그것을 안 보기 위해서 이상적인 목표를 두
고, 만약 내가 실행할 수 있다면 마치 그것을 달성할 수 있을 거야 하는
환상을 가지며, 나의 수치심을 감추고 있었네요."

우리가 무언가를 정말 원한다면, 어떤 장애에도 불구하고 그것을 이
루기 위해 도전하고 실행해 나갈 것이다. 만약 필요한 도전을 회피하고
있다면, 도전과 실행에 저항하는 생각이 숨어 있는 것이다. 실행에 저항
하는 이유를 발견할 수 있는 질문은 숨어 있던 진짜 신념을 드러나게 한
다.

우리는 생각이란 필터를 통해 세상을 본다. 다른 생각은 다른 세상을
보여준다. 다른 삶을 위해서는 다른 생각을 할 수 있어야 한다. 생각은
바꿀 수 있다. 생각이 바뀌면 세상이 달라진다.

원하는 신념과
실제 신념의 차이

자신의 믿음 체계를 살펴보기 위해서는 자신의 삶을 면밀하게 관찰해 볼 필요가 있다. 믿고 싶은 것을 내려놓으면 실제 믿고 있는 잠재의식의 신념들이 드러난다. 습관적이고 자동으로 일어나는 생각과 판단, 말과 행동, 삶의 환경은 있는 그대로 나의 믿음들을 보여주고 있다.

'나는 별로 머리가 좋은 사람이 아니야!'

'나는 안 먹어도 살이 찌는 체질이야!'

'나는 외모가 못났어!'

'나는 가족력이 있어서 오래 못 살 거야!'

'나는 문제가 있어서 결혼하지 못할 거야!'

'나는 두려움이 많아 삶의 기회들을 놓칠 거야!'

삶은 우리가 믿는 것들을 반영하고 믿는 것들은 잠재의식의 상태를 보여준다. 삶은 잠재의식의 믿음이 밖으로 펼쳐진 결과다. 잠재의식이 지닌 믿음의 힘을 이해한다면, 주의력과 인내심을 갖고 부정적 신념이 표출되는 것을 경계해야 한다.

우리 사회에는 부정적인 신념체계가 널리 퍼져 있다. 우리는 이러한 신념들이 나름 합리적인 이유가 있다고 전제한다. 많은 사람이 그렇게 믿고 있기 때문이다. 그러나 이러한 믿음들은 사실 생각 속에서만 존재하는 것이다. 생각과 실제 사이에는 거리가 있다. 그렇게 생각한다고 실제가 거짓이 되지 않는다. 마찬가지로 거짓이 실제로 둔갑하지도 않는다. 거짓된 것에 대한 믿음은 그것을 믿고 있을 때만 힘을 가진다. 마치 최면에 걸린 듯, 거짓된 믿음은 나의 현실을 믿음대로 끌고 간다.

잠재의식의 신념을 바꾸기 위해서는 원인과 결과에 대한 기존의 인과관계를 뒤집을 필요가 있다. 어떤 학생은 머리가 좋지 않아서 공부를 잘하지 못한다고 믿는다. 그러나 머리가 나쁘다는 것을 어떻게 알 수 있을까? 머리가 나쁘다는 생각도 맥락과 기준에 따라 달라질 수 있다. 감성지능의 저자 다니엘 골먼은 IQ보다 EQ가 개인과 조직의 성공과 행복에 훨씬 큰 영향을 준다고 말한다. 특정 분야에 호기심과 관심이 생기고, 그 분야를 잘하고 싶다는 내면의 열정이 살아나면 누구나 해당 분야의 전문가가 될 잠재력과 소질을 갖고 있다.

부정적인 믿음은 원인과 결과에 대한 오해와 착각을 불러일으킨다. 잠재의식에 각인된 믿음은 그 믿음이 바뀌지 않는 한 각인된 믿음대로 세상을 경험하게 만든다.

깨어나면 다리가 가려울 것이고 최면 받은 것을 잊게 될거라는 암시를 피최면자에게 걸었다. 최면이 깨어난 후, 피최면자는 다리가 가렵다며 자신의 상태를 호소했다. 흥미로운 것은 피최면자가 가려운 이유를 만들어 내는 것이었다. "알레르기가 있는데 점심을 잘못 먹었던 것 같아요", "방 안의 공기가 너무 더워서 그런 것 같아요" 등 상상할 수 있는 이유를 찾아 가려운 이유를 설명하는 거였다. 원인과 결과를 뒤집는 이유를 마음이 창조해내는 것이었다. 알레르기 때문에 다리가 가려운 것이 아니다. 다리가 가려운 것을 보고 알레르기란 원인을 고안해 낸 것이다. 머리가 나빠서 공부를 못하는 것이 아니고, 공부를 못한 이유를 머리 나쁜 탓으로 돌려버린 것이다.

동일한 커피에 한쪽은 2천 원, 다른 쪽은 4천 원이라고 표시를 한 뒤에, 피실험자들에게 커피 맛을 평가하는 실험을 했다. 어떤 결과가 나왔을까? 많은 사람이 4천 원짜리 커피가 맛있다고 생각했다. "4천 원짜리가 맛도 더 부드럽고 향도 더 진한 것 같아요", "제가 맛에 좀 민감한 편인데, 4천 원짜리가 아무래도 제 입맛에 더 맞는 것 같아요" 가격이 더 비싸다는 암시를 주는 순간 잠재의식에 각인된 '비싼 것이 더 좋다'라는 신념이 작동되어 대상을 경험하는 감각을 바꿔버린 것이다. 일종의 최면에 빠진 것이다.

우리도 최면에 빠져있을 수 있다.
단지 그것에 대해 자각하지 못하고 있는 것은 아닐까?

최면은 피암시자를 암시에 가장 수용적인 상태로 만든 후에 잠재의식에 하나의 인상을 각인하는 방법이다. 의식의 비판적 사고가 만든 방어벽을 우회해서 잠재의식에 직접 암시를 주는 것이다. 우리는 최면을 통해 잠재의식에 변화가 생길 때, 현실에서 어떤 변화가 일어나는지 엿볼 수 있다.

'난 몸이 저 사람처럼 유연하지 못해'하는 생각을 받아들이는 순간 몸은 더 빳빳하게 굳어지기 시작한다. '나는 영어를 조기에 공부하지 못해서 영어를 잘하기 어려워'라는 생각을 받아들이는 순간, 마음에서 영어는 나와는 인연 없는 어떤 것으로 멀어진다. '나는 돈이 없어서 행복해지기는 틀렸어'라는 생각을 받아들이는 순간, 마음은 피해의식과 우울감에 점령당해 불행을 당연하게 여긴다.

잠재의식의 믿음 체계는 자성예언으로 작용한다. 자성예언은 보는 사람의 기대 수준에 따라 실제로 결과가 달라지는 현상을 말한다. 믿음은 자성예언을 실현하는 강력한 촉매제로 작용한다. 우리는 믿음의 증거가 되어 현실을 경험한다. 부지불식간에 받아들인 믿음은 삶에서 그대로 실현된다. 우리는 받아들인 믿음을 당연한 것으로 여기고 의심하지 않는다.

자신을 제한하고 불행에 이르게 하는 공격적인 생각들이 마음속에 일어나는 순간, 이를 알아차리고 멈출 수 있는 힘과 주의력을 길러보자. 생각은 꼬리를 물고 커지며 스토리를 만들고 마치 스토리가 진실인 것처럼 우리를 속일 수 있기 때문이다.

신념은 실재하는 진실로 받아들인 생각이다. '정말 그렇다'는 확실한 느낌이 있는 생각이다. '나는 성공할 수 있다!'라고 말하지만, 마음에서 정말 그렇다는 확실한 느낌이 동반하지 않는다면, 실제 신념이 아닐 수 있다. 한 꺼풀 벗겨내면 '나는 성공할 수 없을 것 같아! 실패할까 봐 두려워!'하는 생각이 숨어 있을 수 있다. 이 생각이 실제 신념이며, 이 신념이 바뀌기 전까지는 성공하는데 필요한 실제 행동을 미루며 미적거릴 가능성이 높다. 결국, 현실은 실제 신념이 가진 두려움을 보여준다.

'나는 긍정적으로 변화하는 과정에 있어.'
'내 몸은 아름답고 건강해.'
'나는 어디를 가든지 인정받고 사랑받아.'
'내 맘에 꼭 드는 직업이 나를 찾아와.'
'나는 일을 멋지게 잘해.'
'나는 나를 있는 그대로 받아들이고 사랑해.'
'인생은 내게 최고의 선물을 가져다줘.'
'나는 최고가 될 역량이 있어.'
'나는 인생을 행복하게 누릴 자격이 있어.'

이 문장들을 천천히 자신에게 말해보자. 어떤 사람에게는 이러한 생각이 어색하고, 낯설게 느껴질 수 있다. 이 생각들을 있는 그대로 받아들이기 힘들어한다. 이 생각을 부정하는 판단이 올라오거나, 생각에 바로 이어서 '하지만, 나는~' 하는 꼬리말이 따라붙는다. 잠재의식에 자신과 세상을 부정적으로 보는 어떤 신념이 작동하는 것이다. 이 신념들이 우리가 가진 실제 신념들이다. 이 신념들의 근원을 탐색해서 변화시킬 필요가 있다.

잠재의식을 바꾸는 자기암시

레바논의 대표작가 칼린 지브란은 "낙관주의자는 장미에서 가시가 아니라 꽃을 보고, 비관주의자는 꽃은 망각하고 가시만 쳐다본다."고 말했다. 같은 상황에도 어떤 사람은 긍정과 낙관을 보고, 어떤 사람은 부정과 비관을 본다. 무엇이 이런 차이를 만들까?

30대 후반의 성돈씨는 돈은 지저분한 것으로 생각했다. 어린 시절 그의 아버지는 가까운 친척이 운영하는 회사의 택시 기사를 하셨다. 어느 날 밤, 택시 강도를 만나 도망치다 발을 헛디뎌 다리가 부러지는 사고가 있었다. 병원에 입원하고, 사장인 친척이 문병을 왔다. 자신에 대한 걱정을 기대했지만, 친척의 첫 질문은 "사납금은 어떻게 됐니?"였다.

퇴원한 아버지는 밤마다 어머니와 그 이야기를 나누셨다고 했다. 그는 잠결에 그 이야기를 자주 들었다고 했다. 그의 아버지는 돈에 대한 부정적인 말을 자주 하셨다고 했다.

그 생각이 진실인가

'돈이 원수다! 돈이 인간을 버린다!'

'돈 때문에 사람이 망가졌다. 가족도 소용없다.'

'돈은 세상에서 가장 지저분한 거야.'

'애들이 돈 밝히면 안 돼!'

돈에 대한 아버지의 피해의식은 고스란히 아들의 잠재의식으로 스며들었다. 성인이 된 그는 몇 번을 돈과 관련해서 큰 손실을 보았다고 했다. 목돈을 만들면, 희한하게 돈 나갈 일들이 생겼다고 했다. 그는 돈을 많이 벌고 싶다고 말했다. 하지만 그의 잠재의식은 돈을 배척했다. 돈을 많이 벌기 위해서는 정체성을 위반해야 했다. 좋은 사람이 되고 싶었던 그는 돈이 없어야 했다. 돈이 많으면, 왠지 나쁜 사람이 되어야만 할 것 같다고 했다. 그는 세상이 냉혹하다고 했다. 성공하기 위해서는 비인간적인 사람이 되어야 할 것 같다고 말했다. 무정하며, 자기 이익을 위해 다른 사람을 이용하고, 사람보다 돈을 더 중요하게 생각해야 한다고 말이다.

사실 돈의 가치는 중립적이다. 돈 자체는 좋고 나쁨이 없다. '돈에 어떤 의미를 부여하는가? 돈을 통해 어떤 가치를 만들어 내는가?' 하는 것은 돈을 사용하는 사람의 마음에 따라 달라진다. 세상에는 스크루지 영감 같은 부자도 있지만, 즐겁고 보람 있게 돈을 벌면서 자기와 세상에 이로운 가치를 부여하는 멋진 부자들도 많이 있다. 그러나 돈에 대한 부정적인 신념이 잠재의식 속에 가득한 그에게 멋진 부자의 모습은 너무나 먼 이야기 같았다.

잠재의식은 우리에게 불리한 쪽으로 작용할 수 있다. 또 그 힘이 얼마나 막강한지 인식하지 못할 수도 있다. 하지만 잠재의식 속에서 생각이 진실이 될 때, 우리는 그것에 고착되어, 특정한 생각이 가리키는 방향으로만 삶을 해석하고 살아가려는 최면에 빠지게 된다. 결국, 원하는 것과 다르게 잠재의식에 심어진 생각대로 삶이 흘러가게 된다.

그러나 우리는 힘의 방향을 돌릴 수 있다. 잠재의식의 막강한 힘을 자신을 위해 사용할 수 있는 것이다. 그러면 부정적으로 작용하던 잠재의식의 힘은 자신을 위해 움직이기 시작한다.

그에게 필요한 것은 먼저 돈에 대한 부정적인 생각들을 비워내는 것이다. 돈에 대한 긍정적인 생각들을 잠재의식이 받아들이게 하는 것이다. 일단 심어진 생각들은 그 생각을 유지하려는 관성이 작용한다. 다른 생각을 비판하고 저항한다. 암시는 은연중에 새로운 생각들을 잠재의식이 받아들이도록 만들어준다. 잠재의식에 심어진 생각들을 보호하는 비판적 사고를 우회해서 새로운 생각이 잠재의식에 직접 닿을 수 있게 하는 방법이다.

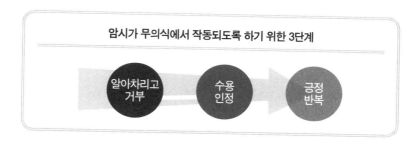

첫째, 부정적 사고를 알아차리고 거부한다.

우리는 어떤 생각을 거부할 힘이 있다. 내 안에 부정적으로 심어진 생각들은 우리가 순진무구한 상태에서, 비판 없이 받아들여진 생각이다. 전체 상황을 이해할 수 있는 맥락이 부족한 상태에서, 은연중에 당연하다고 받아들인 생각일 뿐이다. 생각은 내가 믿고 있을 때만 현실에 작용한다. 다른 것을 믿겠다는 선언은 더 이상 부정적인 생각이 내 안에서 힘을 발휘하지 못 하도록 만들어준다.

다음은 돈에 대한 부정적인 신념을 바꿔주는 확언이다.

나는 돈에 대한 내 안의 모든 부정적인 생각들을 거부한다. 부정적인 생각들은 나에게 영향을 주지 못한다. 나는 무한한 가능성의 존재다. 내가 믿는 것만 나에게 영향을 준다. 나는 다른 것을 믿는다. 나는 즐겁고, 가치 있게 돈을 번다. 나는 의미 있고, 지혜롭게 돈을 쓴다. 나는 돈을 좋아한다. 나는 돈을 사랑한다.

부정적인 생각이 올라올 때마다, 이를 알아차리고 즉각 거부해 보는 것이다. 그리고 마음속에 준비한 암시의 문장들을 주문처럼 외운다. 반복은 잠재의식에 생각을 심는 잘 알려진 방법이다. 어느 순간 반복적으로 되뇐 문장이 자기에게 당연한 사실처럼 느껴질 때가 온다. 잠재의식이 새로운 생각을 받아들인 것이다.

둘째, 부정적 사고에 집착된 감정과 욕구를 수용, 인정한다.

우리가 강하게 집착하는 부정적인 생각들이 있다. 이런 생각들은 거부하면 오히려 더 저항하고 강하게 반발하기도 한다. 예를 들어, '나는 부족하고 한심하다'는 생각이 있을 수 있다. '나는 부족하고 한심하다는 생각을 거부합니다. 나는 나를 있는 그대로 사랑하고 받아들입니다.'라고 거부와 수용선언을 할 수 있다. 그런데, 가슴에서는 이게 아닌 것 같은 느낌이 들 때가 있다. 있는 그대로 나를 받아들인다는 말이 와닿지 않고 나는 부족하고 한심하다는 생각이 여전히 더 강력한 진실처럼 느껴지는 것이다.

그것은 '부족하고 한심하다는 생각'을 뒷받침해주는 증거와 경험이 강하기 때문에 일어나는 자연스러운 마음의 현상이다. 무언가 더 잘하고 싶은데 그렇지 못했던 자신이 아쉽고, 실망스러운 감정이 달라붙어 있는 것이다. 이 감정을 처리하지 않으면, 부정적인 사고는 사라지지 않는다. 새로운 생각을 받아들이는 것에 저항한다. 감정을 처리하는 가장 빠르고 효과적인 방법은 그것을 있는 그대로 수용하고 받아주는 것이다.

자기 안에 상처받은 작은 아이가 있다고 상상해 보자. 그 아이가 원했던 것, 그런데 받지 못했던 것, 그래서 상처받은 감정을 알아주고 수용해준다. '네가 부족하고 한심하다고 느끼는구나, 잘하고 싶었는데, 맘대로 잘 안되어 실망하고 속상했구나, 그랬구나, 그랬구나.'

상처받은 다른 사람의 마음을 있는 그대로 공감해주듯이 자기 안의 작은아이의 상처받은 마음을 있는 그대로 수용해주고, 공감해주는 것이다. 충분한 수용과 공감을 받으면, 부정적인 생각에 집착된 감정은 부드럽게 떨어져 나간다. 그러면 부정적인 생각은 잘 떠오르지 않거나, 떠오르더라도 가볍게 무시하고 내려놓을 수 있게 된다.

셋째, 긍정적인 생각을 반복적으로 떠올린다.

부정적인 사고를 거부하고, 거부에 저항하는 생각을 수용하고 공감해주면, 잠재의식은 이제 새로운 생각을 받아들일 수 있는 준비가 된 것이다. 새 술은 새 부대에 담듯이, 부정적 생각으로 가득한 잠재의식의 부대를 비워내고, 새로운 좋은 생각들이 들어올 수 있는 준비를 하는 것이다.

자기에게 딱 맞는 암시문을 만들어보자. 암시에 대한 저항, 즉 불편하거나 아닌 것 같은 느낌이 없고, 기분 좋게 받아들여지는 자기만의 문장이 있다.

암시가 잘 받아들여질 때는 자기 전 혹은 아침에 일어난 직후가 좋다. 이때는 현재의식이 아직 온전하게 작동하지 않는 상태라서 비판적 사고의 힘이 약해지는 순간이기 때문이다.

잠재의식에 심어진 어두운 생각은 어두운 삶을 창조한다. 잠재의식에 심어진 밝은 생각은 밝은 삶을 창조한다. 생각은 인생을 만든다. 생각이 미래를 창조한다. 삶의 순간순간마다 밝은 생각을 선택해보자.

생각을 바꾸는
가장 빠른 방법

생각을 전환하는 가장 효과적인 방법은 생각에 달라붙은 감정과 감각을 렛고(흘려보내기)하는 것이다. 이 프로세스를 이해하기 위해서는 먼저 생각과 감정의 상호작용을 이해할 필요가 있다. 그러면 생각을 보다 효과적으로 다룰 방법을 내 것으로 만들 수 있다.

먼저 생각과 감정의 관계를 살펴보자. 생각과 감정은 어떤 관련이 있을까? 우리는 생각을 가졌고, 또한 감정도 가졌다. 생각은 감정에 영향을 주지만 또한 감정이 생각에 영향을 주기도 한다. 기분 나쁜 생각이 기분 나쁜 감정을 불러오듯, 기분 나쁜 감정이 기분 나쁜 생각을 불러오는 것이다. 마치 귀신의 집처럼 어두컴컴하고 음침한 공간에 들어가면 괜히 무서운 생각이 드는 것처럼 말이다. 이때 무서운 생각을 안 하려고 하는 것도 좋겠지만, 가장 빠른 방법은 공간을 벗어나는 것이다. 밝고 화창한 세상 밖으로 나오면 가졌던 생각은 거짓말처럼 사라진다. 마찬가지로 감정 상태가 바뀌면 부정적인 생각은 설 자리를 잃게 된다.

어떤 모임에서 프레젠테이션을 했는데 반응이 시원찮고, 준비한 것만큼 하지 못한 상황이 발생했다. 스스로에겐 아쉽고 속상한 감정이 들 것이다. '이것밖에 못 하나?'하는 마음에 자신에 대한 실망감이 들 수도 있다. 참여한 다른 사람에겐 부끄럽고, 민망한 감정이 들 수 있다. 혹은 그들의 시간을 낭비한 것 같아 미안하거나, '자신에게 실망하면 어떡하지?' 하는 불안과 두려움이 들 수도 있다.

어떤 담대한 사람은 전혀 개의치 않을지도 모른다. "이미 벌어진 일 어쩌겠어, 다음에 더 잘하면 되지 뭐! 이번에 무엇이 부족한지 잘 알았으니 다음엔 개선해서 더 잘할 수 있을 거야!" 하며 스스로 다독거리고 위안할 수도 있을 것이다. 같은 상황에서 모든 사람이 같은 감정과 생각을 하는 것은 아니다. 그것은 그 사람의 기질, 성격, 가치관, 신념, 과거의 경험, 감정과 입장에 따라 달라질 수 있다.

이 상황에 어떤 생각을 하는 것이 자기에게 유리할까?

A: "난 왜 이렇게 바보 같을까? 그렇게 준비를 많이 했는데, 준비한 것의 반도 소화를 못 했잖아! 나는 프레젠테이션에 소질이 없나 봐!" 아마 이런 생각이 강하다면, 다음에는 프레젠테이션할 기회를 가능한 한 피하려고 할 것이고 결국 프레젠테이션을 잘 못하는 사람이 될 것이다.

B: "이번에 해보니까 준비가 좀 부족했었던 것 같아. 다음에는 발표하기 전에 연습을 좀 더 해봐야겠다. 혼자 머릿속에서 정리했다고 현

장에서 말로 다 표현할 수 있는 것은 아니네. 다음번 기회에는 좀 더 잘해봐야지." 이런 생각을 한다면 프레젠테이션을 할 기회에 더 적극적으로 참여하게 되고 의식적인 노력과 도전의 결과 프레젠테이션을 결국 잘하는 사람으로 성장하게 될 것이다.

그러면, A에서 B로 생각을 어떻게 전환할 수 있을까?

생각을 전환하는 비결은 감정에 있다. 생각과 함께 일어나는 감정이 풀어지면 생각은 우리에게서 가볍게 떨어져 나간다. 생각을 뒷받침하는 지지력은 감정에서 나오기 때문이다. 가령 A의 생각을 한다면 어떤 감정이 따라올까? 아마도, 우울감, 좌절, 실망, 속상함, 수치심, 자기혐오, 두려움 등의 감정이 있을 것이다. 이 감정들은 불쾌한 감각을 수반한다. 감정과 함께 뭔가 불편한 감각이 몸의 어딘가에서 경험되는 것이다. 우리는 본능적으로 불편한 감각에 저항한다. 감각을 회피하거나 억압하면서 느끼지 않으려고 하는 것이다. 이때 우리의 주의는 감각에서 아주 빠르게 생각으로 옮겨간다. 생각에 주의가 집중하는 동안 몸에 있는 불쾌한 감각은 경험되지 않기 때문이다.

그러나 생각의 뿌리는 감정과 감각에 있기 때문에 감정과 감각이 풀어지지 않으면 생각은 잘 안 바뀌고 지속되는 속성이 있다. 게다가 주의가 집중된 생각은 비슷한 생각을 끌어당기며 확장된다. 생각에 생각이 덧붙여 스토리를 만들며 생각의 영향이 커지는 것이다. 그럼 어떻게 해야 할까? 원리를 알면 사실 아주 단순하다. 생각을 바꾸려고 하지 않는 것이다. 대신 생각에 달라붙은 감정과 감각을 공감하고 렛고 해주는 것이다. 렛고는 흘려보내고, 내려놓고, 비운다는 의미다.

렛고는 생각을 전환하는 최고의 방법이다. 이것은 우리가 다른 사람의 생각을 바꾸기 위해 설득하는 대화의 과정을 살펴보면 더 잘 이해할 수 있다. 가령, A의 생각을 하는 후배가 있다면 선배로서 어떤 말을 해줄 수 있을까?

"선배님, 저는 아마도 프레젠테이션엔 재능이 없는 것 같아요. 몇 번 해봤는데 매번 실수만 하고, 제가 참 한심하게 느껴져요!"
"야, 너 그런 생각 갖고 있으면 안 돼! 누구는 한 번에 잘하냐? 다 열심히 해보면 되는 거야. 그리고 너를 네가 인정해줘야지! 그런 생각을 하는 것이 문제야! 넌 자신에 대해 너무 엄격해!"

후배는 선배의 조언을 듣고 생각을 바꿀 수 있을까? 어떤 사람은 그럴 수도 있을 것이다. 그러나 십중팔구는 "너나 잘하세요! 잘 난 척 되게 하네! 다음부터는 이 선배에게 고민을 이야기하면 안 되겠다. 나를 알아주는 사람도 없고, 기분이 더 잡치네!" 하며, 자신이 부족하다는 생각을 더 강화할 것이다. 이때 선배가 다른 방식으로 이야기를 해보면 어떻게 달라질까?

"선배님, 저는 아마도 프레젠테이션엔 재능이 없는 것 같아요. 몇 번

해봤는데 매번 실수만 하고 제가 참 한심하게 느껴져요!"

"그래? 프레젠테이션 준비도 많이 했었을 텐데 생각한 것만큼 잘 못해서 실망스럽구나. 자신이 한심하게 느껴질 수도 있지."

"네 선배님, 정말 잘하고 싶었는데 생각만큼 잘 안 돼서 좌절되어요. 앞으로도 잘 할 수 있을지 걱정도 되고요."

"그래 그럴 수 있어. 남들 앞에 내 생각을 잘 표현한다는 게 의욕만큼 그렇게 쉽지 않지. 잘 할 수 있을까 걱정도 되고. 나도 그랬어. 아마 다른 사람들도 많이 그럴 거야. 그럼 앞으로 어떻게 할 거야?"

"뭐, 그래도 어쩌겠어요. 프레젠테이션은 앞으로도 꼭 필요한 역량인데 좀 더 열심히 해봐야죠."

"그래, 내가 보기에는 네가 신중하고 생각이 깊어서 조금만 더 익숙해지면 정말 잘 할 수 있을 것 같아! 남들보다 시간이 좀 더 걸리는 것처럼 보일 수 있겠지만 결국 네가 훨씬 더 잘 할 수 있을걸? 나는 그런 믿음이 드는데!"

"정말이요? 선배님께 지지를 받으니 뭔가 더 잘해보고 싶은 의욕이 드는데요! 정말 고맙습니다. 다음에 멋진 성공담을 갖고 찾아뵙겠습니다!"

후배의 생각은 왜 바뀌게 됐을까? 요체는 생각을 바꾸려고 하지 않았기 때문이다. 부정적인 생각이라도 그런 생각을 할 수 있다고 인정해주고 그 배후에 있는 감정과 느낌을 공감해주며 감정 상태를 전환해준 데

그 생각이 진실인가

있다. 대화에서 부정적인 감정을 공감해주면 부정적인 감정이 풀어지며 긍정적인 감정으로 바뀐다. 생각을 지탱하고 있던 감정이 풀어지고 전환되니, 생각에 집착된 힘이 빠지며 의식 밖으로 사라지는 것이다. 그러면 새로운 감정과 상응하는 긍정적인 생각이 떠오른다. 이때 그 생각을 인정해주면 긍정적인 감정이 강화되며 생각과 감정의 선순환이 일어난다.

이것을 자신에게 스스로 적용해보는 것이 자기 공감과 렛고다. 좀 더 알기 쉽게 순서대로 정리해보면 다음과 같다.

1. 일어난 생각을 있는 그대로 알아차리고 인정한다.

'음, 나에게 이런 생각이 있군!' 하고 말이다.

렛고

2. 생각에 따라오는 감정을 알아차리고 공감한다.
  '나에게 실망스럽고, 준비한 것만큼 잘 안돼서 속상하고, 다른 사람
  들에게 미안하고, 다음번 프레젠테이션이 걱정되고 등등'의 감정을
  판단하지 않고 있는 그대로 받아주고 충분히 공감해준다.
3. 감정과 상응하는 몸의 감각을 느끼고 렛고 한다.

예를 들어, 실망스러운 감정이 들 때, 그것과 상응하는 감각이 몸의
어디에 있는지 찾아본다. 명치가 답답하고, 울렁이거나, 머리가 지끈거
리며 아려오거나, 등이 뻣뻣해지는 느낌 등이 있을 수 있다. 그 감각을
있는 그대로 느껴보면서, 함께 있어 본다. 피하거나, 저항하거나, 억압
하지 않고, 느낌 그대로를 경험해 보는 것이다. 그러면서 감각을 내려놓
는다는 의도를 가지고 렛고 해본다.

이렇게 생각, 감정, 감각, 더 깊은 수준에서는 욕구를 알아차리고, 공
감하고, 렛고를 하다 보면 마음이 한결 가벼워지며, "뭐 어때, 이미 일어
난 일인걸, 벌어진 일은 바꿀 수 없잖아! 그럼 나는 이제 어떻게 해야 하
지?" 하는 마음 상태를 회복할 수 있다. 일어난 상황에 효과적으로 대처
하며 성장하는 회복탄력성을 갖게 된다.

신념을 바꾸는 질문

신념은 나에게 중요한 생각이다. 신념이 공격받을 때, 화가 나고 저항하며 신념을 유지하려는 반작용이 일어난다. 신념을 자기와 동일시하기 때문이다. "당신 생각이 틀렸어.", "그것은 당신 생각이지~" 등의 말을 들으면 기분이 나빠진다. 이유가 뭘까? 나의 생각이 아니라 나를 공격하고 비난했다는 느낌이 들기 때문이다. 우리는 생각을 생각으로 보지 않고 자기와 동일시한, 나의 일부분으로 본다. 신념은 특히 더 중요한 생각이기에 동일시의 강도는 더 크다. 어떤 사람들은 신념을 지키기위해 목숨을 걸기도 한다.

신념을 바꾸는 데 있어서 자발적인 의도는 무엇보다 중요하다. 외부에 의해 강제된 변화는 저항을 불러오기 쉽기 때문이다. 신념을 바꿀 수있다는 진실을 아는 것은 어떤 사람에는 커다란 해방감을 선물한다. 더이상 삶과 환경의 희생자가 아니라 창조해 나가는 주체자로서의 자각과 힘을 회복한다.

20대 초반의 청년 해수씨는 공황장애를 호소했다. 그는 사람을 만나는 것에 대한 불안이 심했다. 길거리에 나서면 사람들이 자기를 괜히 위협하고 공격할 것 같은 불안이 느껴진다고 했다. 어린 시절 싸움이 잦았던 부모를 보면서 그는 분노의 감정에 대한 혐오감을 키웠다. '분노는 나쁜 것이고, 분노하는 사람은 나쁜 사람'이라는 생각이 강하다고 했다. 부모의 '분노'로 인해 받은 상처가 '분노의 감정'에 대한 '분노'를 키운 것이었다. 분노에 대한 혐오감은 자기 안의 분노를 억압하고 무감각의 캡슐에 가둬버린 듯했다. 그는 분노를 자기 안에서 허용하지 않고 금기시했다.

해소되지 않은 분노는 외부로 투사되어 다른 사람이 자기를 공격한다는 환상을 만들었다. 그는 타인의 시선이 불편하고 화가 난다고 했다. 다른 사람의 시선이 자기 안에 억압된 분노를 자극하는 것이었다. 그는 자기 안에서 '불을 뿜는 괴물'이 살고 있다고 했다. 작은 자극에도 괴물은 밖으로 튀어나오려고 한다고 말이다. 그는 자기 안에서 분노를 느낄 때마다, 불안이 올라왔다. 괴물이 나오는 것을 막아야 했기 때문이었다. 그는 분노하는 것이 불안해 불안이 커졌다. 자기의 분노를 경험하는 것에 대한 저항이 일으킨 불안증이었다.

불안은 다른 사람을 만나지 않아도 될 구실을 제공했다. 그는 자신에게 상처를 준 부모에게 복수하고 싶은 마음이 든다고 했다. 세상과 사람들에 대한 혐오와 불신도 크다고 했다. 그는 다른 사람들을 만나고 싶어 하지 않았고, 만남의 필요를 최소화했다. 그에겐 사람들과의 만남을 회피할 명분이 필요했다. 불안과 공황장애는 그것에 꼭 들어맞는 합리적

이유를 제공했다. 회피를 정당화할 수 있는 명분으로 불안을 만들어낸 것이다.

불안이 혹시 도움이 되는 것은 있다면 무엇인가요?

뜻밖의 질문은 문제를 새롭게 바라보는 맥락을 제공했다. "사람들을 만날 필요가 없어요." 대답하면서 그는 멋쩍은 웃음을 지었다. 불안이 도움이 될 수 있다는 발상의 전환은 불안을 보다 수용적이고 유연하게 대처할 수 있는 심리적 안정감을 제공해 주었다. 시선을 어디 둘지 모르고 긴장해 있던 그는 한결 편안해진 듯 보였다.

필요에 의해서 불안을 만들어내고, 이제는 불안이 걱정되어 불안을 키우고 있었던 그에게 불안에 대한 이해는 더 이상 불안을 불안해할 필요가 없다는 안도감을 전해주는 듯했다.

"사람들을 안 만나도 괜찮아요. 그것이 지금 당신에게 필요하다면 괜찮은 겁니다. 혹시 좀 더 편하게 거리를 돌아다니고, 사람들을 만나고 싶다면 나에게 알려주세요. 그때 그것을 풀어내는 작업을 같이하면 좋을 것 같아요."

그의 얼굴에는 안도감과 함께 변화에 대한 희망의 빛이 새어 나왔다. 어느새 그는 수다쟁이가 되어, 자신의 고민과 걱정, 분노, 고통과 상처를 토해내기 시작했다. 그는 끝없이 말하며 자기 생각과 느낌, 감정에 접촉했다. 잠재의식에 억압된 얼어붙는 분노 감정을 풀어내며 불안을 치유할 수 있었다.

"분노를 억압하지 마세요. 분노를 억압하니까, 더 불안해지는 것 아닌가요?"

"사람을 만나는 것이 귀찮고 불편하니까 불안을 만들어낸 것 아닌가
요?"

만약 불안에 대한 해수씨의 숨어 있는 신념과 태도를 바꾸기 위한 의
도를 가지고 이러한 질문들을 했다면 필시 그는 저항하고 튕겨 나갔을
것이다. 질문은 자기의 태도와 신념을 성찰하고 바꿀 수 있는 맥락과 관
점을 제공한다. 생각과 감정을 존중하고 따뜻하게 수용해주는 관계는 자
기 안의 신념을 저항 없이 살펴볼 수 있는 심리적 안정감을 조성해준다.

억지로 바꾸려는 의도가 없는 순수한 질문은 용기를 갖고 자기의 어
두운 속마음을 대면할 수 있게 해준다. 잠재의식의 부정적 신념을 성찰
하고 스스로 바꿀 수 있는 심리적 안정감을 제공한다.

많은 신념은 어린 시절, 비판적으로 선택하고 수용할 수 있는 능력이
결여된 순진무구한 상태에서 부모, 학교, 사회, 매스컴 등으로부터 주입
된다. 자기의 말과 행동 속에 숨어 있는 당연하다고 믿고 있는 생각들에
대한 질문은 좀 더 높은 수준에서 자기를 볼 수 있게 해준다.

때로는 "아, 정말 별것 아니었네"하는 자각과 함께 웃음이 나올 수도
있다. 이러한 자각은 과거의 낡은 신념들에 의해 구속된 자아를 해방해
준다. 삶의 다른 맥락과 차원을 볼 수 있게 된다. 문제라고 여겼던 부분
이 실제는 문제가 아니었다는 것을 자각할 수 있게 된다. 낡은 신념에서
벗어나면 과거에 매여 있던 마음이 해방된다. 과거에서 벗어나 새로운
미래로 나아가는 흐름을 타기 시작한다.

용서하지 않아도
괜찮아

치유하고
다시 떠오르기

치유란 자신을 묶고 있던 과거의 상처와 낡은 생각들을 정화하는 과정이다. 현재 개인이 가진 문제들은 해결해야 할 과제이자, 과거에 형성된 잘못된 믿음의 결과이기도 하다. 치유는 자신을 제한하는 잘못된 믿음을 바로 잡고 현재의 문제들을 해결하며 사랑과 기쁨으로 가는 길을 열어준다.

치유는 자신의 본래 모습을 자연스럽게 회복시켜준다. 인생을 새로운 눈으로 볼 수 있는 통찰을 키워준다. 고통스러운 문제의 근본적인 원인에 대한 자각과 이해가 생겨난다. 고통을 반복적으로 재생하는 진짜 원인을 찾아 그것에서 벗어날 힘을 갖게 되는 것이다.

고통에서 벗어나는 치유의 길을 가다 보면, 고통이 영원하지 않다는 것을 알게 된다. 고통의 밑바닥에는 무서운 괴물이 도사리고 있지 않다. 많은 사람이 고통의 실체에 대한 두려움 때문에 실제로 고통을 경험하지 못하고 고통에 대한 상상을 키운다. 그래서 우리는 고통을 대면하기보다는 억누르거나 회피하는 방어기제를 만든다. 그러나 많은 경우 실제 고통은 우리가 상상하는 것과 다르다. 고통은 우리를 성장시킨다. 그리고 고통을 통과하는 과정에서 우리는 행복한 창조가 시작되는 고요하고 평온한 자리를 만나기도 한다.

우리는 마치 종이호랑이를 보고 놀라 도망치는 아이처럼, 실재하지 않는 두려움을 사실이라고 믿고 회피해 왔을지도 모른다. 이러한 자각은 두려움을 대면할 수 있는 용기를 갖게 해준다. 그동안 회피하고, 억압하고, 아닌 척하고, 무시해 왔던 두려움의 실체를 인지하고 도전할 수 있는 정신적인 힘이 생긴다.

놀라운 것은 그 두려움 너머에 '가능성의 아이'가 살고 있다는 사실이다. 두려움의 먹구름이 걷히면 가능성이 충만한 아이의 쾌활함과 행복, 세상에 대한 호기심과 모험심이 살아난다. 그러한 경험은 우리에게 자유와 행복감을 선물한다. 삶이 놀랍도록 생생하게 다가온다. 아주 오랫동안 잊고 있었던 그러나 결코 잃어버릴 수 없었던 자기 존재의 순수한 실존을 경험하게 된다.

모든 사람의 내면에는 치유해야 할 상처가 있다. 누구나 가슴속에 상처를 하나쯤 갖고 있다. 상처의 이야기와 강도는 저마다 다르겠지만, 자기의 아픔은 누구의 아픔보다 가장 크게 느껴진다.

가장 아픈 상처는 그 사람의 인생에서 가장 중요한 의미를 가질 수 있다. 지금 나를 가장 아프게 하는 것은 무엇인가? 나를 고통에 빠트리고 절망하게 하는 것은 무엇인가? 어쩌면 그 아픔과 고통 속에 현재 삶의 가장 큰 문제를 풀어낼 수 있는 해답이 있을 수 있다.

나는 많은 사람이 상처를 치유하는 과정을 통해 내면의 진정한 힘과 지혜를 발견하며 성장하는 것을 목격해왔다. 그들을 통해 '치유되지 않는 상처는 고통이지만, 치유된 상처는 자산이 된다'는 사실을 분명하게 알게 되었다. 상처를 통해 내면의 잠재력을 발견하고 더 나은 삶으로 도약하는 것이다.

상처받은 기억 속에는 슬픔, 분노, 억울함, 외로움, 두려움 등의 감정이 자리하고 있다. 이러한 상처의 많은 부분은 유년 시절 충분한 사랑을 받지 못한 결핍에서 기인한다. 우리는 모두 어린 시절에 애착 관계의 대상(부모님 또는 보호자)으로부터 방치되거나 학대당한 경험, 적어도 충분한 사랑을 받지 못한 결핍을 품고 있다.

어떤 사람들은 부모로부터 심한 물리적인 폭력이나 언어, 정서적 폭력을 당한다. 또는 며칠씩 보살핌을 받지 못한 채로 버림받은 경험이 있기도 하다. 어린아이에게 부모는 절대적인 의존의 대상이다. 부모의 양육, 사랑과 관심, 인정은 생존을 위해 꼭 필요한 음식과 같다. 밥을 못 먹으면 굶어 죽듯 부모의 충분한 사랑과 관심을 받지 못한 아이의 마음은 서서히 시들어간다.

자녀를 사랑하는 마음이 아무리 커도 부모가 늘 아이와 늘 함께 있기는 불가능하다. 그래서 돌보지 못하는 순간은 항상 일어날 수 있다. 그런데 급한 장을 보기 위해 잠깐 나간 10분의 시간을 아이는 방치된 기억으로 받아들일 수 있게 된다. 떼쓰는 아이를 훈계하기 위해 엄하게 꾸짖은 것을 학대의 기억으로 받아들일 수도 있다. 아이의 수준에서는 일어난 일을 있는 그대로의 사실과 맥락으로 이해할 수 없기 때문이다. 그래서 아이의 입장에서 가진 왜곡된 생각을 진실이라고 믿고 그 생각과 경험이 마음속 상처로 자리 잡게 되는 경우가 흔하게 일어난다.

완벽한 부모는 없기에, 부모가 완벽하게 아이에게 필요한 모든 것을 제공하는 것은 불가능한 일이다. 부모는 줄 수 있는 사랑을 다 주었지만, 아이는 기대한 사랑을 받지 못할 수 있기에, 아이 입장에서 받은 사랑이 아니라 받지 못한 결핍만을 기억하곤 한다. 이러한 결핍감은 상처가 되어, 삶을 살아가며 다양한 문제들과 관계의 불화로 드러난다.

상처를 치유하고, 상처의 기억을 가진 내면아이의 생각을 바꿔주는 것은 변화의 중요한 작업이다. 내면아이가 가진 비합리적이고, 상황에 맞지 않은 생각과 감정들은 자기를 제한하고, 대인관계의 갈등을 유발하며, 고통스러운 삶을 반복적으로 재생하게 하는 원인이 될 수 있기 때문이다.

치유가 일어나는 순간 우리는 자기 자신과 삶에 대한 새로운 시각과 맥락을 갖게 된다. 오랫동안 굳어 있었던 부정적인 생각들이 힘이 잃어버리고, 의식 밖으로 사라진다. 새로운 생각들이 들어설 공간과 여유가 생겨난다. 생각의 전환이 자연스럽게 일어난다.

행복을 가로막는
내 안의 장애물

자기 계발 분야의 고전, '네 안에 잠자는 거인을 깨워라'의 저자 앤서니 라빈슨은 잠들어 있는 우리 안의 놀라운 힘에 대해 말한다. 사람은 누구나 자기도 모르는 커다란 잠재력이 있다고 말이다. 자기 안에 '거인이 잠들어 있다'는 것이다. 만약 거인을 깨울 수 있다면 우리의 삶은 얼마나 달라질 수 있을까?

삶의 어느 순간 우리 안에 있는 '가능성의 아이'는 좌절을 경험한다. 순수한 자기로 살아가기 힘들다고 판단한 아이는 거짓 자아를 개발한다. 거짓 자아는 세상에 맞춰 살아가기 위한 일종의 전략적 선택이다. 그러다 시간이 흘러, 거짓 자아의 인식과 생각, 반응은 자동화되고, 진짜 자기를 잃어버린 채 거짓 자아의 모습으로만 세상을 살아가게 된다.

코칭으로 만난 20대 중반의 민호씨는 3살 때 글을 읽고, 숫자를 계산할 수 있을 정도로 수재였다. 집중력이 뛰어나, 관심 있는 분야가 있으면 밥 먹는 것도 잊을 정도로 몰입해서 탐구했다고 했다. 호기심 강했던 그는 끊임없이 상상하고, 만들고, 부수는 것을 즐겼다고 했다. 부모는 그런 아들이 영특하고, 특별하다고 생각했다. 어린 시절의 그는 성취에 대한 열망이 컸는데 그만큼 자기 뜻대로 되지 않았을 때 불만과 짜증도 많았다고 했다.

부모는 자기 뜻대로 잘 안 될 때 나오는 아들의 감정과 막무가내의 행동을 감당하기 버거웠다고 했다. 아이를 어르고, 달래고, 때로는 윽박지르며 훈육했지만, 그의 고집을 꺾기는 쉽지 않았다고 했다. 재능은 있지만, 성격에 문제가 있다고 생각했다. 초등학교에 입학해서도 아이는 여전히 고집스러웠다. 자기 생각과 다르면, 선생님께도 당당하게 아니라고 대들었다고 했다. 선생님은 아이가 당돌하고 버릇이 없다고 생각했는지 그를 친구들 앞에서 엄하게 혼내고 벌을 세웠다고 했다. 민호씨는 그 생각을 하면 지금도 속이 뒤집어질 정도로 억울하다고 했다. 자기 생각이 맞는데 힘 있고 권위 있는 사람들이 자신을 무시했다고 생각하고 있었다.

그는 세상이 자신과 맞지 않는 것 같은 생각이 들었다고 했다. 자신을 알아주는 사람이 없다는 사실이 너무나 외롭고 슬펐다고 했다. 정의롭지 않은 세상에 대한 불만과 원망도 많았다. 자기 생각이 더 옳고 합리적인데, 세상은 자기 생각을 부정하고 권위와 힘으로 제압한다고 말이다. 그의 내면아이는 여전히 억울하고 분하고 원통해 하고 있었다.

어느 순간 그는 현실을 받아들이기 시작했다고 했다. 자기 생각이 받아들여지기 어렵다는 것을 깨달은 그는 내면에서 진실과 최고를 추구하던 가능성의 아이를 잠재웠다. 가능성의 아이가 가진 호기심과 진실에 대한 추구는 갈등을 일으키는 원인이 되었다. 호기심을 죽이고, 진실을 밝히려는 욕구를 없애면, 갈등을 일으킬 필요가 없었다. 그는 세상에 적응하는 방법을 배웠다. 아니라고 생각하는 것에 대해서 침묵하는 방식을 배웠다. 자기의 솔직한 생각을 무시하며 참고 순응하는 법을 배웠다.

그는 '탁월한 나'가 아닌 '평범한 나'를 선택했다. 그러나 깊은 내면에선 평범한 자신을 용납하기 어려웠다. 호기심을 잃어버린 그는 삶이 재미없고 무료하다고 했다. 그는 점점 게을러졌고, 노력에 대한 회의가 생겨났다. '노력해도 알아주는 사람이 없다'는 생각은 노력에 대한 거부감을 키웠다. 노력에 대한 부정적인 인식은 노력하는 상황을 회피하게 했다. 노력을 안 하니 성적은 점점 더 바닥으로 떨어졌다고 했다. 어느 순간 총명하고, 열정적이고, 호기심 왕성한 아이의 모습은 아련한 추억이 되었다. 현실의 그는 무능하고, 게으르고, 꿈이 없는 하찮은 사람이 된 것 같다고 했다.

잃어버린 나를 찾는 과정은 정확한 자기 인식에서 시작한다. 자기 인식의 핵심은 회피하던 그림자를 직면하는 것이다. 그림자는 다른 사람에게 받아들여지지 않았던 자기의 취약성이다. 타인의 생각과 기준을 잣대로 판단한 '나는 부족하고, 힘이 없고, 열등하고, 받아들여지지 않아'라고 믿는 자기에 대한 착각이다. 스스로도 거부하고, 부정하고, 회피한 내면의 작은아이다. 더 이상 그림자에 갇혀 있을 필요가 없다는 것에 대한 확실한 자각은 '잠든 가능성의 아이'를 깨우는 시발점이 될 수 있다.

진실한 자기 탐구의 과정을 통해 그림자를 이해하면 그림자를 치유하고 더 큰 나에 통합시킬 수 있다. 그 과정에서 '가능성의 아이'가 깨어난다. 그림자의 아이는 회피하고, 부정하고, 불평하고, 합리화한다. 노력을 싫어하고, 결과에 집착하며, 도전을 두려워한다. 가능성의 아이는 낙천적이고 긍정한다. 자기를 긍정하고, 세상을 긍정한다. 원하는 것에 집중하며 다른 세상을 본다. 가능성의 아이는 성장의 욕구가 강하다. 실패를 통해서 가장 빨리 성장할 수 있다는 것을 믿기에 도전을 기꺼이 받아들인다. 노력의 과정을 통해 얻어낸 결과의 보람을 알기에 노력을 즐기며, 노력 없이 주어지는 것에 관심을 잘 두지 않는다.

우리는 생각을 통해 세상을 인지하고 해석하고 만들어 간다. 삶을 바꾸기 위해서는 생각을 먼저 바꾸는 것이 중요하다. 생각을 바꾸기 위해서는 우리 안에서 '생각하는 자'가 달라져야 한다.

'내 안에서 누가 세상을 보고 있는가?'
'그가 관심 있는 것은 무엇인가?'
'그의 욕구와 두려움은 무엇인가?'
'그는 무엇을 회피하고 있는가?'

그림자의 자아는 열등감과 피해의식을 강화하는 정보에 관심을 둔다. 같은 정보를 열등감과 피해의식으로 해석한다. 그는 감정과 스토리를 만들어내어 자신의 해석에 정당성을 부여한다. 그러나 본질적으로 그렇게 만들어진 감정과 스토리는 마음이 고안한 환상이다. 거짓된 것에 대한 믿음은 그것을 철회하고 다른 믿음으로 대체하기 전까지 믿는 사람의 현실에 작용한다. 모종의 환영이 마치 최면처럼 현실을 지배하는 것이다.

반면 가능성의 자아는 다른 것에 관심을 둔다. 자기 안에서 잠들어 있는 가능성의 자아가 깨어나는 순간 우리는 항상 존재했지만 보지 못하고 지나쳤던 새로운 진실들을 보게 된다. 고통과 문제들 속에 존재해 있던 행복과 가능성을 발견한다. 문제 속에 숨어 있는 열쇠를 찾아내 해결의 실마리를 풀어나간다. 행복과 성장의 장으로 인생이 순조롭게 흘러가기 시작한다.

받아들이기 힘든
나와 만나기

한때 우리 자신이었던 어린아이는 일생동안 우리 내면에서 살고 있다.

- 프로이트

    지영씨는 많은 사람 앞에서 말하는 것이 어려웠다. 여럿이 모인 자리에 있으면 왠지 주눅 들고 긴장된다고 했다. 하고 싶은 말이 있어도, 눈치를 보게 되고, 막상 말을 하려고 하면 머리가 하얗게 되어 말이 안 나온다고 했다. 그런 자신이 한심하게 느껴졌다. 지영씨는 많은 사람 앞에서 멋지게 강연하는 동기부여 강사가 되는 것이 꿈이었다고 했다. 그녀는 강사가 되기 위해 스피치 학원에 등록해 훈련도 받았다고 했다. 그러나 여전히 사람들 앞에서 자기의 생각을 당당하게 표현하는 것은 어려운 일이었다.

    그녀는 타인의 평가와 다른 사람들을 실망하게 하는 것이 두렵다고 했다. 괜찮다고 자기를 달래도, 그때뿐 비슷한 상황이 되면 여지없이 내면의 위축된 아이가 의식으로 튀어나온다고 했다. 상황이 지나면 자기에 대한 비난이 폭포처럼 쏟아졌다. 그런 자신이 한심하고, 안타깝고, 가엾다고 했다. 마치 나쁜 저주에 갇힌 듯 꿈꿨던 삶을 살지 못할 것 같은 두려움에 우울감이 깊어진다고 했다.

그녀의 아빠는 목소리가 크고 무뚝뚝했다. 그런 아빠가 무서웠다고 했다. 엄마는 아빠가 없으면 아빠에 대한 흉을 보곤 했는데, 엄마의 시각을 통해 아빠에 대한 거부감은 더욱 커졌다고 했다. 그녀는 아빠의 따뜻한 애정이 그리웠지만 포기했다고 했다. 아빠가 자기에게 자상하게 대하는 것은 상상하기도 어려웠다고 했다. 딸의 이야기를 들어주고, 잘했다고 칭찬해 주고, 함께 놀아주는 아빠는 동화 속에만 나오는 상상이었다.

아빠는 딸을 사랑했다. 그러나 자애로운 사랑과 보살핌을 받아본 적이 없었던 아빠는 그녀가 원하는 것을 줄 수 없었다. 밖에서 돈을 벌어오고, 엄하게 아이들을 대하는 것이 가장의 역할이라고 믿고 있던 아빠는 당신의 방식으로 최선의 사랑을 주었다. 그러나 어린 지영씨는 그런 아빠의 사랑을 무시와 냉대로 오해했다.

아빠에게 받지 못한 관심과 인정은 내면에 위축이를 키웠다(위축이는 인정과 사랑을 받지 못한 내면아이에게 붙인 이름이다. 내면아이를 인격화해서 이름을 붙이면, 친밀감과 정서적 유대감을 형성해 치유 작업에 큰 도움이 될 수 있다). 아빠의 눈치를 보던 버릇은 타인의 눈치를 보는 것으로 확대됐다고 했다. 반에서 1등을 할 정도로 공부를 잘했지만, 자기에게 쏠린 관심은 내면의 위축이를 불안하게 만들었다고 했다. '진짜 자기는 보잘것없다'는 위축이의 생각은 1등이 아닌, '눈에 띄지 않는 아이로 남는 것이 더 낫다'는 전략적 선택을 하도록 이끌었다고 했다. 그녀는 공부를 점점 등한시했고, 평범한 대학교에 진학하게 됐다고 했다.

성인이 되었지만, 내면의 위축이는 달라지지 않았다. 어느 날 어떤 동기부여 강사의 강연을 보고 크게 감동을 했다고 했다. 그녀의 마음속 꿈이 살아나는 듯 반가웠다고 했다. '그래 저거야! 나도 저렇게 다른 사람들의 마음을 움직이는 멋진 강사가 되겠어!' 자기가 정말 원하는 일을 발견한 것은 기뻤지만 한편으로 그녀에게 새로운 갈등이 생겼다. 강사로 멋지게 성장하고 싶은 갈망과 자기를 부끄러워해 숨고 싶은 내면의 위축이가 충돌하게 된 것이다.

위축이는 사람들의 시선과 평가가 두렵고 무섭다고 했다. 사람들의 시선이 쏠리면 말할 수 없는 불안이 올라왔다. 심지어 실패할 것을 예상하고 미리부터 불안을 만들어 내기도 했다. 대중 앞에서 말하는 것을 상상하는 것만으로도 긴장되어 손에 땀이 나고, 가슴이 답답하고 심장이 쿵쾅쿵쾅 뛴다고 했다. 머릿속이 하얗게 되어 무슨 말을 해야 할지 정리가 안 되고 막막해졌다. 멋진 강사가 되고 싶은 그녀는 위축이의 불안에 당혹스럽다고 했다. 자기의 길을 가로막는 걸림돌로 보고, 위축이를 억누르고 외면했다. 그런데 그럴수록 위축이의 불안은 더욱 커졌고, 위축이가 걱정하던 일은 현실이 되곤 했다.

우리는 유년 시절 부모에게 받았던 경험을 자신에게 되풀이하는 경향이 있다. 부모에게 억압과 무시를 받았던 것처럼(아이의 입장에서 그렇게 받아들이는 것이고, 실제 부모는 다른 일에 바빴거나, 단지 제대로 돌볼 방법을 몰랐던 경우가 많다). 자신의 일부분을 억압하거나 무시하는 것이다. 관심을 받지 못한 아이가 과잉반응을 통해 자기의 억압된 욕구를 표현하는 것처럼, 관심을 받지 못한 내면아이는 더 강하게 문제를 일으키곤 한다. 불안과 우울, 대인관계의 갈등, 사업실패, 몸이 아프거나, 다치는 것도 이와 연관되어 일어나는 경우가 많다.

현실의 많은 '문제'는 내면의 상처에서 기인한다. 상처받은 기억 속에는 슬픔, 외로움, 억울함과 분노가 자리하고 있다. 상처의 많은 부분은 유년 시절에서 비롯된다. 어린 시절 애착 관계의 대상(부모님 또는 가까운 양육자)으로부터 충분한 인정과 사랑을 받지 못한 경험은 잠재의식에 내면화되어 삶을 살아가며 겪는 다양한 문제의 핵심적인 원인이 되곤 한다.

수용은 변화를 촉진한다

치유는 받아들이는 것에서 시작한다. 위축이의 불안과 긴장을 문제로 보는 기존의 생각에서 벗어나, '그럴 수 있다'고 보고 있는 그대로 수용하고 받아들이는 태도를 취하는 것이다. 위축이는 죄가 없다. 다만 자기의 불안과 걱정을 순수하게 표현한 것뿐이다. 불안을 적절하게 다룰 수 있는 방법을 배우지 못한 우리는 그것을 문제 삼아 억압하거나 제거하려는 것만 생각한다. 그러한 태도는 내면의 위축이를 더욱 불안하게 만들어 무의식으로 숨어들게 한다. 억압된 불안은 양상을 달리하며 다른 문제들로 드러나게 된다.

위축이의 불안을 잠재우는 가장 좋은 방법은 있는 그대로의 느낌을 수용하고 받아주는 것이다. 즉 불안과 함께 있어 주는 것이다. 아이가 어둠이 무서워 울 때, '울지 마!', '울면 호랑이가 물어간다!'라고 혼내는 것은 당장 울음을 그치게 할 수는 있을지도 모른다. 그러나 아이에게 '우는 것은 나쁜 것'이라는 잘못된 생각을 심어주게 된다. 아이는 울음, 두려움, 슬픔의 감정을 느낄 때마다 회피하거나 억압하게 될 것이다.

있는 그대로의 감정을 수용하고 알아주는 것은 치유의 가장 중요한 시작점이다. '나는 불안해하지 않는다. 나는 위축되지 않는다. 나는 당당하게 자기 말을 한다.' 등의 암시나 자기 선언은 이 단계에서는 부작용을 낳을 수 있다. 오히려 내면의 불안이와 위축이를 거부하는 말이 되어, 더 강한 저항을 불러올 수 있기 때문이다. '괜찮아, 불안해도 괜찮아. 말을 잘 못해도 괜찮아, 사람들에게 창피를 당해도 괜찮아'하는 수용확언은 오히려 치유와 변화를 촉진한다. 내면아이의 감정과 생각을 충분히 공감하고 이해해주면 더욱 성숙한 입장에서 상황과 맥락을 볼 수 있는 여유가 생기기 때문이다.

'나는 낯선 상황에서는 말을 잘 못하지만, 편한 사람과 공간에서는 말을 잘 해' 그래서 '나는 말을 잘 못한다는 생각은 진실이 아니야'라는 자각을 할 수 있게 된다. '사람들이 나를 평가하는 것은 피할 수 없는 일이지. 모든 사람이 나쁘게 보는 것은 아냐. 어떤 사람들은 나를 좋게 평가

하는 사람도 있어.'라고 보다 균형적으로 자기를 볼 수 있게 된다.

'나는 말을 잘하거나 못한다.', '나는 사람들에게 인정을 받거나 무시받는다.'는 내면아이의 이분법적 사고에서 벗어나, 상황의 다양한 맥락을 이해하고 받아들일 수 있는 더욱 합리적인 사고로 성장하는 것이다.

역설적으로 '나는 말을 잘 못해, 못해도 괜찮아'라고 자기를 수용했을 때, 못하면 어때, 누구는 처음부터 잘했나? 나도 그냥 하면 되지, 하는 용기가 작동하기 시작한다.

"사실 제가 불안하고, 떨려서 말을 잘 못해요, 지금도 어떻게 이야기할지 몰라, 정말 심장 떨려 죽을 것 같은데, 용기를 내는 거예요, 잘 봐주시면 감사하겠습니다." 이렇게 자기 생각과 감정을 솔직하게 표현하면, 실제로 많은 사람은 깊이 공감하며 후한 점수를 준다. 누구나 타인의 시선에 대한 불안과 평가에 대한 두려움을 갖고 있기 때문이다.

자기수용을 통해 그녀는 자신의 성장 욕구와 내면아이의 회피 욕구를 통합할 수 있게 되었다. 냉대와 무시를 받을지 모른다는 불안과 두려움을 수용하고 직면하면, 불안과 두려움은 상상한 것만큼 그렇게 큰 고통이 아니라는 것을 경험으로 알게 된다. 사실 우리는 불안의 대상을 두려워하는 것이 아니라 불안 그 자체를 두려워하는 경우가 많다. 불안의 느낌, 두려움의 느낌이 불안하고 두려워 그러한 느낌이 드는 순간, 억압하거나 회피하면서 그것을 경험하지 않기 위해 방어기제로 도망가 버리는 것이다. 칼융은 '저항하는 것은 지속한다'라고 말했다. 걸림돌이 되는 증상을 멈추고 다른 나로 거듭나기 위해서는 직면하고 수용할 수 있어야 한다. 수용이 변화를 촉진하는 것이다.

감정을 인정하고 충분하게 느끼기

마음속 통제자는 부정적인 감정을 있는 그대로 받아들이고 느끼는 것을 방해한다. 마음속 통제자는 "이렇게 해야 해!", "그렇게 하면 안 돼!", "그것밖에 못해?", "더 잘 할 수 있어!" 등 당위와 가치 판단으로 무장하고 자신을 엄격하게 통제하려는 내재화된 부모의 목소리다.

'부정적인 감정을 느껴서 좋을 게 뭐가 있어?'
'넌 완전히 울보 어린애구나'
'조심해! 여기서 무너지면 완전히 망가질지도 몰라'

우리가 부정적인 감정을 인정하고 느끼지 않는다면, 자기 자신이나 타인에게 연민과 공감의 마음을 갖기가 어렵다. 자기수용은 마음속 통제자의 분노와 두려움을 풀어준다. 따뜻한 연민의 마음으로, 감정을 비판하고, 거부하고, 두려워하는 내면의 통제자를 품어주라. 감정을 숨기고 억압하려는 마음이 내려놓아 지도록, 충분하게 공감하고 알아주는 것이다.

〈사랑의 매는 없다〉를 쓴 앨리스 밀러는 '우리가 어른이 되었을 때 다른 사람에게 공감할 수 있으려면, 어린아이였을 때 우리의 고통에 대해 공감해주고 이해하는 눈으로 바라봐주는 사람이 꼭 있어야 한다.'고 말했다. '고기도 먹어본 사람이 맛을 안다'고 하듯, 공감도 받아본 사람이 다른 사람을 공감할 수 있는 것이다.

우리는 다른 사람을 공감해주듯 스스로 자기 안의 어린아이를 공감해 줄 수 있다. 내면의 어린아이를 측은하게 여기고 충분하게 공감해주는 것이다. 내면의 어린아이는 나의 공감을 받으며 성장한다. 자기와 타인의 마음을 깊이 이해하고 만나주고 공감해줄 수 있는 자애로운 존재로 성장한다.

나쁜 감정도
나쁘진 않다

감정은 옳고 그름이 없다. 좋은 감정 나쁜 감정이 없다. 좋은 감정은 우리를 기쁘게 해주고, 나쁜 감정은 우리를 지혜롭게 성장시킨다.

20대 초반의 혜미씨는 우울증과 무기력으로 삶이 너무 버거웠다. 원하는 것이 없고 희망을 품는 것도 막막했다. 미래를 생각하면 불안하고 두려웠다. 특별히 잘하는 것도 없고, 대인관계에 대한 두려움이 많아 사회생활을 잘할 수 없을 것만 같다고 했다. 그녀는 누가 보아도 예쁘고, 밝은 미소를 가지고 있었다. 서울에 있는 상위권 대학에 다니는 스마트한 학생이었다. 그런데 내면에는 자기를 불신하고, 부족하다는 생각이 강한 겁 많은 아이가 살고 있었다. 겁 많은 아이는 두려움을 밖으로 투사했다. 사람이 두렵고, 세상이 두렵고, 미래가 두려웠다.

우리는 두려움 자체에 대한 두려움을 갖고 있다. 마치 어린아이가 어둠을 두려워하듯이 두려움을 두려워한다. 두려움이 자기 안에서 비롯되었다는 것을 깨닫지 못하고, 외부의 어떤 대상에 있다고 믿는 것이다.

그러한 믿음의 결과로 자기가 만든 두려움의 희생자가 되곤 한다.

어떤 사람들은 두려움이 안전의 근원이라고 믿는다. 두려움이 있었기에, 힘든 환경에서 벗어날 수 있게 준비하고, 노력해서 삶과 일을 통제해 왔다고 믿는다. 두려움은 우리를 조급하고 불안하게 만들어 행동하게 만드는 긍정적인 힘을 갖고 있다. 그러나 두려움에 집착한 마음은 지나친 두려움에 휘둘려 성장에 필요한 도전적인 행동들을 가로막는다. '난 아직 준비되지 않았어.', '실패할 거야.', '사람들은 나를 받아주지 않을 거야.', '난 그럴 만한 힘이 없어.' 그들은 두려움을 해소할 수 있는 실제 행동을 미루고 회피하는 그럴듯한 변명을 찾아낸다.

두려움에 대한 두려움이 사라지면, 두려움을 직접 다룰 수 있는 법을 깨달을 수 있다. 어떤 사람들은 두려움을 통해 다른 사람을 통제하려고 한다. 두려움에서 벗어나는 방법을 익히면, 삶의 희생자란 오래된 믿음에서 벗어날 수 있게 된다. 용기 있게 세상을 살아가는 힘을 얻는다.

무기력 뒤에 숨어 있는 억압된 화를 풀어내기

그녀의 무기력과 우울감 뒤에는 억압된 화가 숨어 있었다. 화는 좋은 감정이다. 화는 자기를 보호하고 욕구의 성취 여부를 알려주는 순기능을 한다. 누가 나를 이유 없이 비난하면 화가 날 것이다. 화가 없다면 자기의 정당함을 보호할 수 없게 될 것이다. 화를 억압하면 분노나 우울의 감정으로 바뀐다. 분노는 억압된 화다. 제대로 풀어내지 못한 화는 타인과 세상을 원망하고 공격하는 분노가 되어 갈등을 키운다.

화를 통해 나의 욕구를 살펴볼 수 있다. 욕구는 일종의 생명력이다. 삶을 활기차게 만드는 원동력이다. 화를 억압하면, 욕구를 억압하는 것이 되어 자신의 생명력을 약하게 한다. 감정이 갈수록 무감각해진다. 좋은 것도 별로 없고 싫은 것도 별로 없어진다. 황량한 사막처럼 삭막하고 무덤덤한 세상에 사는 것 같은 기분에 빠진다.

그녀의 엄마는 피해의식이 많았다. 부모가 고생한다고 생각해, 한 번도 어리광이나 떼를 쓴 적 없는 유년 시절을 보냈다고 했다. 엄마는 착한 아이로 살며 가족을 위해 자기 욕구를 늘 희생했다. 자기가 원하는 것을 드러내는 것이 왠지 미안하고 죄책감이 들었다고 했다. 가까운 사람들이 그런 자기를 몰라줄 때가 가장 참기 힘들었다. 자신의 희생과 헌신을 당연히 여기고, 모른 척하거나, 무시할 때, 참았던 억울함은 분노가 되어 머리끝까지 화가 치밀어 올랐다고 했다.

엄마는 딸을 있는 그대로 사랑하고 존중해줄 수 없었다. 딸을 보면 자기의 어린 시절과 비교되었다. 너무나 좋은 환경에 있는데도 투정하고 불평하는 딸을 용납하기 어려웠다. 자기만 생각하는 딸이 얄밉고, 질투와 화가 났다. 질투와 화는 딸의 좋은 점보다 문제점을 부각했다. 문제를 지적하고 고쳐주고 싶은 충동이 강하게 생겼다.

엄마는 딸의 욕구와 감정을 무시하고 부정했다. "네가 뭘 잘했다고 울어?" 슬퍼서 우는 아이에게 우는 것은 잘못된 감정이라는 생각을 심어주었다. "조그만 게 어디서 화내고 대들어? 어디서 배워먹은 버르장머리야?" 부당하다고, 화를 내며 반박하는 아이에게 화는 나쁜 감정이라고 가르쳤다. 슬픔과 화가 받아들여지지 않은 것을 배운 아이는 슬픔과 화를 억압했다.

슬픔과 화를 억압하면, 기쁨과 행복의 감정도 잘 못 느끼게 된다. 슬픔과 화를 경험할 때마다, 그녀는 자기감정을 검열했다고 했다. '내가 지금 우는 게 맞나?', '내가 화를 내도 괜찮은 건가?', '저 사람이 나를 어떻게 생각할까?' 제대로 감정을 공감받지 못하고, 표현하지 못한 그녀는 자기감정과 생각을 의심했다. 항상 타인의 평가와 판단을 의식하며, 울지도 웃지도 화내지도 못하면서, 혼란스러움과 무감각의 단조로운 감정에 갇혀버리게 됐다.

슬픔은 과거의 상처를 치유한다. 과거에서 해방되어 미래로 나아가도록 마음을 풀어준다. 슬픔이 존중받지 못하면, 과거의 상처와 경험에 사로잡힌 현재를 살아가게 된다. 화는 자기를 보호하고 더 나은 선택을 할 수 있도록 도와준다. 건강하게 표현된 화는 의존적인 관계를 바꿔준다. 서로의 경계선을 존중하며 함께 어울려 살아가는 이상적인 관계를 만들어준다.

자기 마음속에 억압된 분노가 많이 있었다는 것을 깨달은 그녀는 속에 응어리진 화와 분노의 감정, 생각들을 풀어내기 시작했다. 엄마에게 응어리진 마음을 표출하며 마음껏 울고, 화낼 수 있도록 자기의 감정을 허용해줬다. 감정의 상자에 오랫동안 쌓아둔, 묵은 감정의 에너지들을 풀어내면 마음에 평온함이 찾아온다. 상대의 입장과 마음을 이해할 수 있는 수용과 연민의 공간이 생긴다.

엄마도 엄마이기 전에 한 사람의 상처받은 영혼이다. 엄마는 딸이 원하는 사랑을 주기 힘들었다. 엄마가 받지 못한 사랑을 딸에게 줄 수 없었기 때문이었다. 엄마에 대한 원망이 풀어지자, 엄마의 입장에서 엄마를 볼 수 있는 관점이 열렸다. 그럴 수밖에 없었던 엄마에 대한 이해는 용서로 이어졌다. 눈물이 왈칵 쏟아지며 엄마와 화해한 혜미씨는 다른 사람의 기준을 잣대로, 스스로 비난하고 혐오하면서 닦달했던 자기 자신을 용서할 수 있었다.

치유를 위한
의식의 지도

만일 우리가 자신에게 일어나는 이 세상의 일들이 마음에 안 든다면,

우리가 해야 할 모든 것은, 우리의 의식을 바꾸는 것이다.

그러면 저 밖에 있는 세상이 우리를 위해 바뀐다!

- 레스터 레븐슨

　미국의 정신과 의사 데이비드 홉킨스 박사는 '의식지도map of consciousness'
를 통해 우리가 겪는 몸과 마음, 삶의 문제들을 치유하고 해결할 수 있
는 통합적이고 효과적인 방법을 창안했다. 의식 수준을 이해하면 몸, 마
음, 삶의 차원에서 자신이 처한 고통과 문제의 원인, 해결책과 방향을
분명하게 이해할 수 있다. 의식 수준의 도약을 통해 치유를 촉진하고 전
혀 다른 차원의 삶을 살아가게 된다.

　의식 수준은 상대적으로 서로 다른 차원의 힘을 가지고 특정한 방향
으로 움직인다. 용기의 단계부터 위로 이동하는 에너지를 파워의식이

내용	의식의 밝기 (Lux)	의식의 상태 (Level)	감정상태 (Emotion)	행동 (Action)
	700~1000	깨달음	언어이전	순수의식
	600	평화	하나/축복	인류공헌
	540	기쁨	감사	축복
Power 몸과 마음에 힘을 주는 긍정적인 에너지	500	사랑	존경	공존
	400	이성	이해	통찰력
	350	수용	책임감	용서
	310	자발성	낙관	친절
	250	중립	신뢰	유연함
	200	용기	긍정	힘을 주는
	175	자존심	경멸	과장
	150	분노	미움	공격
	125	욕망	갈망	집착
Force 몸과 마음을 약하게 만드는 부정적인 에너지	100	두려움	근심	회피
	75	슬픔	후회	낙담
	50	무기력	절망	포기
	30	죄의식	비난	학대
	20	수치심	굴욕	잔인함

〈의식혁명 Power VS Force〉의 저자 데이비드 호킨스 박사(David Hawkins)는 미국의 저명한 정신과 의사로서 인간의 의식수준을 구체적인 수치로 나타내고, 인간의 행동, 감정, 인생관등을 정리해 도표 제시했다. 이 수치에 상응하는 인간의 행동, 감정, 가치관 등을 정리한 인간의 의식수준을 도표로 제시하고 있다.

라고 하고, 용기 아래로 향하는 에너지를 포스의식이라고 한다. 포스의식은 몸과 마음의 힘을 약하게 하며, 인간관계의 갈등과 삶의 다양한 문제들을 끌어당긴다. 파워의식은 몸과 마음의 힘을 강하게 하며, 진실의 힘이 작용하며, 건강, 치유, 조화로운 관계, 일의 성공을 끌어당긴다.

의식 수준은 하나의 에너지장으로, 마치 중력처럼 작용해서, 비슷한 생각, 감정, 상황을 끌어당긴다. 잠재의식의 본질적인 변화는 의식 수준에서 일어난다. 높은 수준의 의식에서 내면의 치유와 정화가 일어나며, 잠재의식에 작용하는 낡은 신념들이 떨어져 나간다. 일어난 상황을 다른 방식으로 인식하며, 상황에 대처하는 과정을 통해 성공적인 변화를 이룬다.

수치심(20)과 죄의식(30)은 의식의 맨 아래에 있다. 자기혐오의 감정이 지배적이며 자기 파괴적인 과정이 진행된다. 무의식적인 자기혐오와 죄의식은 '자신을 돌보지 않고', '관계 갈등'을 키우며, '질병'과 '사고'를 유발한다. 무기력, 절망, 포기, 우울은 무기력(50)의 지배적 감정이다. 세상을 희망 없는 곳으로 보고, 삶을 무가치하게 느끼게 만드는 파괴적인 의식이다.

무기력에 있는 사람이 울면서 감정을 풀어내기 시작하면, 슬픔(75)의 에너지장으로 상승한다. 슬픔의 지배적 감정은 후회, 상실감, 낙담이다. 슬픔에 빠진 사람은 세상을 슬픈 곳으로 본다. 마치 검은색 선글라스를 끼고 세상을 바라보듯 슬픔의 안경을 끼고 세상을 슬픈 곳으로 바라본다.

두려움(100)도 부정적인 에너지장이다. 우리는 일상에서 걱정, 불안, 공포 등의 형태로 두려움을 경험한다. 슬픔이 과거에 기반 한다면, 두려움은 미래와 관련되어 있다. 우리가 두려워하는 것을 알면, 미리 준비할 수 있기에 대처할 수 있다. 그러나 두려움에 지배를 받으면, 세상이 위험하고 사방에 위기가 도사리고 있는 곳이라고 생각한다. 자기 내면의 두려움을 증거 하는 신문, 뉴스, 이야기를 탐독하며 두려움에 집착한다.

욕망(125)은 강박적이고 충동적인 '갈망'의 형태로 변할 수 있다. 광고는 두려움과 욕망을 자극해 소비를 촉진한다. 행복의 원인이 외부에 있다고 믿고, '저것을 갖는다면 나는 행복해', '저것을 경험한다면 나는 행복해'라는 욕망의 지배를 받도록 암시를 건다. 그러나 욕망과 갈망은 본질적으로 좌절을 동반한다. 결핍을 바탕에 두고 있기 때문이다. 무언가를 얻었을 때만 찾아오는 일시적인 만족감이 지나면 곧 결핍감이 생겨 또 다른 무언가를 추구하게 된다. 욕망에 대한 좌절은 쉽게 분노의 의식으로 옮아간다.

분노(150)는 상대를 제압하는 방법으로 강제력과 협박, 비난을 활용한다. 분노는 욕구의 실현과 밀접하기에 분노를 건설적으로 활용할 수 있다면, 많은 성장을 불러올 수 있다. 분노는 불평, 불만, 미움, 증오의 감정을 불러온다. 분노에 빠진 사람은 세상을 갈등과 투쟁이 지배하는 곳으로 본다.

자존심(175)은 포스의 가장 높은 의식이다. 자존심은 자만, 경멸, 무시 등으로 나타난다. 자존심은 상대를 부정하고 축소하며, 자기를 부풀리고 과장한다. 자존감에 빠진 사람은 끝없는 비교를 통해 상대와 나의 우열을 가린다. 우월감과 열등감은 같은 동전의 서로 다른 면이다. 우월감 뒤에는 열등감이 숨어 있다. 열등감을 보상하기 위해 우월하다는 생각에 집착한다. 명품, 지위, 자동차, 사는 곳, 집, 학벌 등 모든 것을 우열의 관점에서 보며, 보이는 이미지에 사로잡힌다.

용기 아래의 단계들은 모두 부정적인 에너지장을 갖고 있다. 행복이 외부에서 주어진다는 믿음이 바탕에 깔려있다. 이러한 믿음은 내면의 힘을 외부로 투사해, 결국 피해의식과 무력감에 빠지게 만든다. 포스의 부정적인 의식은 상호작용하며 서로를 강화한다. 자존심으로 인해 분노를 느끼며, 죄의식으로 인해 두려움이 강화되어 무기력과 무감정 속에 머물게 된다.

용기(200)의 수준에서 에너지장은 긍정적으로 바뀐다. 거짓이 아닌 진실에 가치를 둔다. 용기 아래는 마치 부정적인 것에 맞춰진 라디오 주파수처럼, 고통과 갈등을 끌어당긴다. 용기의 단계는 에너지장이 바뀌었기 때문에 긍정적인 것을 끌어당긴다. 상황을 직면하고, 의식적으로 반응하며, 긍정적인 상황을 만들어간다.

중립(250)의 주요 감정은 신뢰다. 만약 바라던 일이 잘 안 돼도, '괜찮아, 그럴 수 있어, 더 좋은 일이 생길 거야'하고 받아들인다. 자기에 대한 신뢰는 일어난 상황을 받아들이며 유연하게 대처하는 상황 적응력의 힘을 키워준다. 저항을 내려놓으며 더욱 큰 힘을 얻는다.

자발성(310)의 의식에서는 긍정적인 생각이 샘솟는다. 삶을 긍정적으로 받아들이고, 화합하고, 함께 어울린다. 소명과 목적의식을 갖고 활기차게 일을 즐긴다. 이 의식에 있는 사람들은 세상을 호의적인 곳으로 경험한다. 세상을 조화롭고, 기회가 많은 곳으로 본다. 자발적인 행동을 통해 작은 성공을 쌓아간다.

수용(350)의 의식에서는 행복의 원천이 자신이며, 자기 안에 그 힘이 있음을 분명하게 인식한다. 이 단계의 사람들은 어떤 상황에서든 자신의 선택과 행동에 따라 상황을 창조해 나간다는 것을 믿는다. 현실적이며, 자신의 긍정적인 면과 부정적인 면을 동시에 인식하고 인정할 수 있기에 다른 사람들을 이끌 수 있는 리더십이 나오기 시작한다.

이성(400)은 자기중심적인 왜곡된 편견과 감정의 한계를 초월한다. 관찰 가능한 세계에 관심이 높으며, 실제 사실과 확실한 근거 및 데이터에 의해 일을 처리한다.

사랑(500)은 정신적 도약의 수준이다. 이성이 선형적, 논리적, 객관적이라면, 사랑은 비선형의 논리를 초월한 주관적 에너지다. 사랑은 모든 생명과 관계 맺는 방식이다. 기쁨(540)은 무조건적인 사랑의 표현으로, 본질적인 치유와 변화가 일어나는 수준이다. 조건 없는 사랑과 연민으로 타인을 만난다. 내면의 기쁨과 평온함, 무조건적인 감사로 충만한 상태다.

평화(600)는 만물 속에서 신성을 보며, 모든 생명이 완벽함을 깨닫는 수준이다. 자신과 타인 사이의 분리 감이 사라지며 모든 것이 하나로 현존함을 경험으로 알게 된다. 영적인 체험들이 일어나며 빛 비춤과 깨달음이 시작되는 수준이다. 크리슈나와 예수, 부처의 에너지장은 깨달음(1000)이며, 이 장은 무한으로 이어져 있다.

포스의 의식은 자기가 믿는 것을 위해 진실을 부정한다. 예를 들어 '더 중요한 사람이 되기 위해서는 명품을 입어야 해!'하는 믿음을 위해, '나는 명품과 상관없이 있는 그대로 소중하고 가치 있어!' 하는 진실을 외면하는 것이다. '나를 무시한 저 사람을 혼내 줘야해! 그렇지 않으면 내 분노는 없어지지 않아!' 하는 믿음을 위해 '나는 저 사람을 조건 없이 용서할 수 있어! 용서가 나를 자유롭게 해줘!'하는 진실을 외면한다. 200 이상의 파워의식은 진실을 위해 거짓된 믿음을 포기한다. 진실과 긍정을 받아들이며 성장한다.

의식의 에너지장은 세상을 보는 창문과 같다.
의식의 수준에 따라 같은 상황을 서로 다르게 인식한다.

의식을 성장을 위해서는 의식 수준의 전체적인 구조를 이해하는 것이 필요하다. 자신의 현재 의식 수준은 상황과 맥락에 따라 달라질 수 있다. 사랑하는 자녀 앞에서는 기쁨의 의식(540)에 있다가, 불만족스러운 직원 앞에서는 분노의 의식(150)에 빠질 수 있는 것이다. 의식은 하위의식을 포함하며 상위의식으로 초월하며 성장한다. 일시적으로 높은 의식으로 상승할 수 있으나, 하위의식에 집착된 마음에서 벗어나지 못하면, 지속성을 잃고 본래의 의식 수준으로 추락할 수 있다.

의식은 어떻게
성장하는가

하위 단계의 의식 수준이 언제나 나쁜 것은 아니다. 예를 들어 가장 낮은 단계의 죄의식과 수치심이 주는 혜택이 있다. 죄의식과 수치심은 자기의 행동을 돌아보게 한다. 맹자는 인간이 본래부터 선한 마음을 가지고 있다고 주장하는 성선설을 내세우며 선한 마음 중 하나를 수오지심羞惡之心이라 했다. 수오지심은 옳지 못함을 부끄러워하는 마음이다. 선하지 못함을 미워하는 마음이다. 죄의식과 수치심은 마음이 선을 향하도록 도와준다.

문제는 이것에 집착할 때 발생한다. 타인에 의해 강요된 죄의식과 수치심은 자기혐오를 유발하며 영혼을 잠식한다. 죄의식은 자신의 행동에 대해 문제가 있다고 생각하는 반면, 수치심은 존재 자체에 문제가 있다고 여긴다.

'이번에 성적 떨어지면 각오해!'

'너 바보냐! 이것도 몰라?'

'한다고 했잖아? 왜 안 했어?'

'너는 문제 있는 아이야!'

'너는 어려서 잘 몰라, 엄마가 시키는 대로 따라 하면 돼!'

'세상이 얼마나 험악하고 무서운지 몰라?'

'울음 안 그쳐? 뭘 잘했다고 울어!'

'버릇없이 어디서 화를 내고 그래? 혼나볼래!'

'엄마 죽는 꼴 볼래? 엄마는 너 때문에 산다!'

'너 때문에 엄마가 창피해! 사람들이 뭐라고 생각하겠니?'

'너 저 아이랑 놀지 마! 너하고 안 어울려!'

부모와 사회는 죄의식, 수치심, 두려움과 자존심을 통해 자녀를 통제하곤 한다. 그러나 하위의식을 통한 통제는 부작용을 낳는다.

하고 싶어 하는 공부가 아니라 두려워하는 상황을 회피하기 위해 공부를 하게 만든다. 결국, 공부에 대한 흥미를 잃어버리게 한다. 모른다는 것을 수치스럽게 여기도록 만든다. 모르는 것에 대한 호기심은 학습에 대한 열정을 키운다. 모르는 것에 대한 수치심은 모르는 것을 회피하게 만들어, 학습과 성장에 대한 호기심과 열정을 식게 한다.

다른 사람에 의해 강요된 죄의식은 부당하고 억울한 감정을 키운다. 이러한 죄의식의 반작용으로 반항적이고 폭력적인 행동이 유발되기도 한다. 자기 죄의식을 타인에게 투사해 다른 사람을 공격적이고 잔인하게 대하는 것이다.

'행동을 교정하는 가장 좋은 방법은 고통을 주는 것'이란 생각은 교육에 관한 가장 잘못된 믿음 중 하나다. 이러한 생각을 믿는 선생님, 부모, 리더는 신체적인 처벌이나, 심리적인 고통을 통해 타인을 바꾸려고 한다. 심리적인 고통은 신체적 처벌 이상으로 마음에 큰 상처와 해로운 영향을 준다. 가장 고통스러운 감정은 죄의식과 수치심이다. 많은 사람이 자기 자신도 모르게 죄의식과 수치심을 아이들, 배우자, 팀원들에게 심어주며 그들을 통제하려고 한다.

죄의식과 수치심의 고통을 받은 사람은 보복을 꿈꾼다. 받은 것 이상으로 갚아 주려는 심리가 작동하는 것이다. 특히 갈등이 심한 부모와 자식 간의 관계는 이러한 원한이 숨어 있는 경우가 흔하다. 부모가 가장 고통스러워하는 것은 어떤 것일까? 어떤 아이는 자해를 통해서 부모에게 받은 심리적 고통을 보상하려고 한다. 스스로 아프거나, 말썽을 부리거나, 사고를 당하거나, 불행한 인생을 선택해서 살아가는 것이다. 그래서 관계 회복을 위해서 먼저 자기 마음속 원한의 심리를 해원 할 필요가 있다. 고통스러운 삶의 양상을 바꾸기 위해서는 과거에 묶여 있는 마음을 풀어줘야 한다.

자발성의 수준에서는 삶을 있는 그대로 받아들이고, 기꺼이 용서하는 마음을 낸다. 잠재의식에 심어진 부정적인 생각을 거부하고 행복한 미래로 삶이 흘러가도록 긍정의 물꼬를 터준다. 부정적 의식에 빠져, 외부의 어떤 것에 의해 고통받는다고 생각하면 마음의 힘은 현저하게 줄어든다. 포스의 의식은 자기를 희생자로 여기는 마음을 강화한다. 낮은 의식단계에 있는 사람들은 행복과 성공의 근원이 외부의 어떤 것에 있다고 자신을 설득한다. 자기의 힘을 포기하고, 외부의 무언가에 이 힘을 맡겨버리는 것이다.

문제와 갈등이 일어날 때, 자신을 희생자로 보고, 행복의 근원을 외부에 두는 경향성은 자기 마음의 힘을 부정하는 태도에서 비롯된다. 치유는 마음의 힘을 다시 받아들이고, 어떤 환경이나, 사건을 '대처하는 방식'을 통해 미래를 바꿔나갈 수 있다는 것을 인식하는 데서 시작된다.

'나를 치유하고 회복할 수 있는 힘은 나에게 있어. 내 안에 이 힘이 있는 거야. 나는 용서할 힘이 있어. 나는 용서하고 앞으로 나아갈 거야' 용서는 상처받기 이전의 상태로 마음을 회복시킨다. 나에게 자신을 치유하고 용서할 수 있는 힘이 있다는 것을 인정하고 받아들이자. 당신은 더이상 환경의 무력한 희생자가 아니다.

문제와 갈등은 과거의 상처와 부정적 신념을 치유하고 벗어나라는 요구와 같다. '무언가 잘못됐으니 살펴봐야 한다는 경고'와 같다. 무언가다른 식으로 받아들여야 할 필요성을 일깨워주는 것이다. '죄의식과 자기혐오, 두려움과 분노'를 치유하고, 자발성과 수용, 사랑의 수준으로 성장하도록 인도한다.

용서는 사랑의 마음을 회복시켜준다. 누군가를 미워하고 원망하면서어떻게 사랑의 마음을 간직할 수 있을까? 사랑은 우리 마음의 본성이다. 잠시 잊을 수는 있지만, 잃어버릴 수 없는 내재 된 우리의 본질이다. 용서를 통해 미움과 원망이 녹아내리면, 원래 있던 사랑이 드러난다.

내 안에 있는
너무 많은 나

'잠자는 숲속의 공주'에는 공주의 탄생을 축하하는 파티에 초대받지 않았다는 이유로 화가 난 나쁜 마녀가 등장한다. 마녀는 '공주가 16살이면 물레에 찔려 영원히 잠에 빠지게 될 것'이라는 무서운 저주를 내린다. 왕과 왕비의 근심은 멈출 줄 몰랐다. 왕은 온 나라의 물레를 불에 태워버리게 했다. 그리고 공주는 무럭무럭 자라서 16살이 된다. 그러던 어느 날 우연히 성의 맨 위층에 있는 한 번도 본 적이 없는 신기한 물건인 물레를 찾아낸다. 호기심 많은 공주가 물레에 다가가 손을 대는 순간 물레에 찔려버려 백 년간 깊은 잠에 빠진다.

"공주가 16살이 되면 물레에 찔려 영원히 잠에 빠지게 될 것"이란 두려움에 휩싸인 왕과 왕비는 두려움을 피하려고 했지만 결국 가장 두려워하는 상황을 맞이하게 된다. '잠자는 숲속의 공주' 이야기는 두려워하는 것을 현실로 끌어들이는 잠재의식의 작용을 보여주고 있다.

상담 중 만난 30대 초반의 지선씨를 보고 나는 '잠자는 숲속의 공주'가

떠올랐다. 그녀는 마치 나쁜 마녀의 저주에 걸린 것처럼, 무기력의 깊은 잠에 빠져있었다. "세상은 위험해", "사람들은 믿을 수 없어", "나는 하찮은 사람이야"란 생각은 마치 나쁜 마녀의 저주처럼 그녀의 잠재의식을 지배하고 있었다. 그녀는 잠재의식에 각인된 신념이 가리키는 방향대로 인생을 무력하게 살아가고 있었다.

그녀의 아빠는 이성적이고 침착했지만, 동시에 냉담하고, 무감각한 사람이었다. 그녀는 따뜻한 관심과 공감을 아빠로부터 받아본 기억을 찾을 수가 없다고 했다. 어느 날 그녀는 자신이 원하는 것을 아빠에게 얻는 것은 불가능하다고 생각했다. 아빠에게 관심과 사랑을 받는 것을 포기했다고 했다. 반면 엄마는 감정적이고 충동적이었다. 사람들을 좋아했고, 쉽게 믿었다고 했다. 그만큼 사람들에게 실망하고, 배신의 상처도 많이 받았다고 했다. 그런 엄마를 옆에서 지켜본 그녀는 엄마처럼 사람을 쉽게 믿으면 안 된다는 생각을 자연스럽게 가지게 됐다고 했다.

자기감정을 책임지기 어려웠던 엄마는, 딸의 감정과 욕구를 공감해줄 수 없었다. 엄마와 아빠는 체면을 중요시했다. 동네 사람에게 인사를 안 하면 불같이 화를 냈다고 했다. '딸을 버릇없이 잘못 키웠다'는 비난을 들을까 봐 두려웠던 엄마는 딸에게 예절을 강요했다. 부끄러움이 많았던 딸은 엄마의 강요가 전혀 이해되지 않았다. 억울함을 호소했지만 돌아오는 것은 더 큰 비난과 호된 매질이었다고 했다.

"이게 어디서 부모에게 버릇없이 대들어!", "이웃에게 인사하는 것 당연한 것 아냐?", "기본도 안 하면서, 네가 무슨 할 말이 있어!" 속으로는 부당하다고 생각했지만, 반박하면 더 크게 혼날까 두려웠다. "저도 인사하고 싶지만, 부끄러워서 그게 잘 안 되는 걸 어떻게 해요?", "제게 시간을 좀 더 주면, 조금씩 노력해 볼게요!" 딸은 이렇게 자신의 감정과 생각을 표현할 능력이 없었다. 감정과 생각을 존중받지 못한 딸은 자신의 감정과 생각을 타인에게 존중받을 수 있게 표현할 수 없었다. 그녀는 억울했지만, 부당한 힘에 눌려버렸다. 자신이 무력하고 수치스럽게 느껴졌다고 했다. 잘못했다는 것을 받아들이기 싫었지만, 감수할 수밖에 없었다. 그런 자신이 한심하고 초라하게 느껴졌다.

감정을 존중받지 못하면, 자기감정을 숨기거나 억압하게 된다. 화가 나도, "나 화났어."라고 건강하게 표현할 수 없게 된다. 화는 자신의 욕구가 제대로 충족되었는지 알려주는 감정이다. 화를 억제하며 살아온 사람은 부당한 일을 당해도 "안 된다."라는 말을 잘 못할 수 있다. 자신이 원하는 대로 살지 못했기 때문에 스스로 희생자라고 여기고 무기력해진다. 슬픔은 애도의 감정이다. 슬플 때 눈물을 흘리며 슬퍼할 수 있는 사람은 상처를 흘려버릴 수 있다. 슬픔을 느끼지 않으려고 억압하거나 회피하면 슬픔은 우울과 무기력의 감정으로 변하게 된다. 슬픔에 저항하면 즐거움과 행복의 감정도 줄어든다.

부모에게 감정표현을 억압당한 그녀는 자기감정을 솔직하게 표현하는 것이 어려웠다. 슬픔이 일어나도, "슬퍼해도 되나?" 화가 일어나도 "내가 화를 내는 것이 맞나? 상대방이 어떻게 받아들일까?" 하며 자기감정을 검열했다. 언젠가부터 그녀는 슬퍼도 웃고, 화가 나도 웃으면서,

실제와 다른 감정반응을 하게 됐다고 했다. 자기감정을 돌보는 것 보다, 타인의 감정을 상하지 않게 하는 것이 더 중요하다고 생각했기 때문이다. 그것은 인간관계의 어려움을 가중했다. 친구들은 솔직한 감정을 나타내지 않는 그녀를 마치 겉과 속이 다른 사람이라고 오해했다고 했다.

상대를 실망하게 하는 것에 대한 두려움이 컸던 그녀는 거절하는 것이 어렵다고 했다. "난 싫어!", "내가 원하는 것은 그것이 아냐!"라고 분명하게 거절하지 못했다. 웃으면서 하는 거절을 상대방은 마치 수동적인 승낙이라고 착각했다. 그것은 특히 남녀관계에 있어서 불필요한 오해와 갈등을 불러왔다. 그러나 그녀는 자신이 그런 상황을 만들고 있다는 사실을 전혀 알지 못했다.

자신을 보지 못하는 '맹점'은 자기 자신과 사람들에 대한 왜곡된 생각을 하게 했다. '나는 친구들과 관계를 못하는 사람이야', '사람들은 믿을 수 없어', '사람들은 이기적이고 자기 입장에서만 생각해' 이러한 생각은 다른 사람들과 신뢰가 있는 관계를 맺는 것을 어렵게 만들었다. 누군가 호감을 느끼고 다가오면, 의도를 의심하고 긴장하게 된다고 했다. 그녀는 대인관계가 너무도 어려웠다. 자신의 짊어져야 할 천형처럼 느껴졌다. 살아갈 날을 생각하면 너무도 막막해 앞이 보이지 않는다고 했다. 견디기 힘들 땐 죽고 싶은 생각에 자해하기도 했다. 그러나 그녀의 생각은 진실이 아니었다. 오해에서 비롯된 착각이었다.

우리는 자신이 믿는 것만 보는 경향이 있다. 자신이 믿는 것을 현실의 경험을 통해서 확인하려고 한다. 부모에게 충분한 인정과 사랑을 많이 받은 아이들은 자기를 사랑하고 신뢰한다. "야! 너 바보 아냐?" 그러면, "무슨 소리야? 네가 더 바보지!" 하고 되받아친다. "야, 너 못생겼어!" 그러면, "그래도 너보다는 낫다!"하고 웃으면서 받아넘길 수 있다. 자기를 긍정하는 신념을 갖고 있기 때문이다.

그런데, 부정적인 반영을 받은 사람들은 자기에 대한 신뢰와 사랑이 부족하다. "야! 너 바보 아냐?" 그러면, 아무 말도 못하고 기죽어 있거나, 복수심에 불같이 달려들어 싸우려고 든다. "너, 다시는 그런 소리 못하게 만들겠어!" 실제로 자신을 바보란 생각과 동일시하고 있기 때문에 상처를 받아 불같은 화가 일어나는 것이다. 그 소리를 듣고 싶지 않아서, 그것에서 벗어나려고 발버둥을 치지만, '잠자는 숲속의 공주' 이야기처럼, 우리는 우리가 두려워 회피하려는 그것과 결국 만나게 된다.

무기력에 갇혀 있는 사람은 자신이 무엇을 원하는지 잘 알지 못한다. 원하는 것이 있으면, 그것을 갈망하고, 이루기 위한 행동이 뒤따라야 한다. 안전지대를 벗어나 도전지대로 나갈 수 있는 용기를 내야 한다. 그러나 두려움이 너무 크면, 마치 위험한 적을 만난 것처럼 도전지대로 나갈 엄두를 못낸다. 그래서 원하는 것을 포기하게 된다. 원하는 것을 들고 있으면서, 희망 고문으로 우울해지는 것 보다, 포기해버리고 현실에 안주하는 것이 감정적으로 덜 힘들기 때문이다. 그러나 동시에 미래의 희망과 인생의 활력도 잃어버리게 된다.

무기력에 빠진 사람들이 울기 시작하는 것은 치유의 신호로 볼 수 있다. 내면에 상처를 억압하고 있다가, 만남이 일어나면, 갑자기 주체할 수 없는 눈물을 흘리는 경우가 종종 일어난다. 무기력과 무감각에 갇혀 있다가 내면에 상처를 자각하면서 일어나는 치유의 과정이다. 이렇게 상처를 충분히 슬퍼하고 공감하면, 마음속 깊이 억압되어 있던 감정이 살아난다. 보다 생기 있는 삶으로 나아가게 된다.

또한, 자신이 두려워하는 것이 무엇인지를 차근차근 찾아보는 작업이 중요하다. 두려워하는 것을 하나둘, 발견하다 보면 원하는 것을 이루는 걸림돌이 무엇인지를 확실히 알게 된다. 막연한 두려움은 실재하는 두려움에 상상을 덧붙여, 불가능하다는 믿음을 강화한다.

"사람들 앞에서 발표하는 것은 죽기보다 싫어요, 정말 죽을 것 같아요." 실제로 그녀는 죽을 것 같은 두려움에 남들 앞에 서 있는 것을 생각하는 것만으로도, 얼굴이 빨개지고, 몸이 벌벌 떨리며, 차갑게 얼어붙었다. 정말 두려워하는 것이 무엇인지를 탐색해 가는 과정에서 "다른 사람들이 자신을 하찮게 볼 것 같고, 다른 사람들을 실망하게 하는 것"에 대한 두려움이 너무도 크다는 사실을 발견했다.

이러한 두려움은 발표를 지속해서 회피하게 했고, 그 결과 사람들이 실제로 자신을 하찮게 보고, 실망하게 되는 현실을 만들고 있었다. 자신이 가장 두려워하는 것을 현실로 초대하고 있었다. 두려움을 직면하면서 그녀는 실제 다뤄야 할 과제가 무엇인지를 선명하게 알아차렸다. 놀라운 것은, 두려움의 실체를 인식하는 것만으로, 두려움의 크기가 줄어든다는 사실이다. 알지 못하는 것에 대한 두려움은 공포를 키운다. 두려움의 대상이 무엇인지 알면, "까짓것 한번 부딪쳐 보지!"하는 용기를 깨워낸다.

우리 안에는 다양한 나가 서로 공존하고 있다. '슬퍼하는 나', '두려워하는 나', '불안한 나', '열등한 나', '화난 나', '비판하는 나', '질투하는 나', '멋진 나' 등이 서로 다른 목소리를 내면서, 조건과 상황에 따라 일어났다 사라진다. 각각의 '나'가 의식의 공간에 등장했을 때, 충분한 접촉을 해주면, 욕구가 해소되며 의식의 배경으로 사라진다. 만약 충분한 접촉을 하지 않으면, 의식의 공간을 배회하며 서로 다른 욕구를 가진 '나'와 경쟁하고 갈등하며 문제를 만들어 낸다. 슬픔, 분노, 두려움, 죄의식, 자기혐오, 욕망 등이 서로 고통스러운 혼란 속에 뒤엉켜 있는 것이다.

상담을 통해 각각의 나로 대변되는 감정과 욕구들을 하나하나 만나도록 도와주면, 의식의 공간에 질서가 잡히며, 심리적 안정감이 회복된다. 고통과 슬픔을 공감하고 수용하면서 자기 안에 더 큰 나와 접촉하게 되는 것이다. 자기 안의 무기력과 슬픔, 죄의식과 자기혐오, 허무함, 고통스러운 나를 친절하게 돌보면서, 있는 그대로 만나면 자신을 치유할 수 있는 잠재된 치유의 힘이 깨어난다. 고통스러운 마음이 사라지기 시작한다. 분열된 나들이 통합되며, 자기를 사랑하는 마음이 회복된다.

지선씨는 어린 시절, 무력감에 갇혀 원하는 것을 포기하고, 원하지도 못했던 어린아이의 무력함에서 조금씩 빠져나오기 시작했다. 원하는 것을 이루고 싶다는 바람들과 조금씩 접촉하며, 그녀는 활력과 의욕을 되찾았다. 그녀 안의 '다양한 나'들을 만나고 통합해가기 시작했다.

자기 자신과
화해하기

"있는 그대로의 자신을 받아들이기 전까지 우리는 결코 변화되지 않는다."라고 칼 로저스는 말했다. 자기수용은 변화를 촉진한다. 자기수용을 통해서 타인과 환경에 대한 원망, 잘못된 자기 비난을 내려놓을 수 있다. '나는 바꿀 수 있어'라는 우리 안에 잠재된 변화의 힘을 회복한다.

당신이 받아들일 수 없는 것은 무엇인가?

자녀에 대한 양육방식

가까운 사람과 자주 어긋나는 관계

이루지 못한 어떤 것에 대한 실망

지금 하는 일이나 능력에 대한 불만족

어떤 중독 행동에 빠진 자신

건강하지 못한 몸 혹은 체중

얼굴과 외모에 대한 열등감

우리를 괴롭히는 문제들은 이 밖에도 아주 많이 있다. 있는 그대로의 나를 받아들이지 못하게 방해하는 것은 무엇인가? 지금 이대로도 자신이 괜찮다고 느끼지 못하게 만드는 것은 무엇인가?

20대 중반의 예진씨는 자신의 미래가 잘못될 것이라고 걱정하고 있었다. 그녀는 자신을 부족하고 능력 없는 사람이라고 생각한다고 했다. 사랑을 받지 못해서, 피해의식과 상처가 많은 사람이라고 했다. 다니던 직장에서 일을 잘한다고 소문났지만, 그녀의 속마음은 달랐다. 다른 사람의 평가와 시선이 불편했다. 상사와 동료를 실망하게 하는 것이 너무나 두려웠던 그녀는 지나칠 정도로 일에 매몰되어 있었다.

갈수록 떠맡는 일은 많아졌고, 자기만 부당하게 일한다는 피해의식과 억울함이 쌓였다고 했다. 그녀는 얼마 지나지 않아 에너지가 소진되어 몸과 마음에 무리가 와 결국 일을 그만두게 되었다. 쉬는 동안에도 그녀는 불안했다. 무언가 더 노력하고 열심히 해야 하는데, 빈둥대며 시간을 허비하고 있다고 자신을 자책했다.

어떤 사람들은 유독 자신에게 엄격하게 대한다. 스스로 불친절하게 대하며 까다롭게 달달 볶는다. 자신의 외모나 옷차림을 트집 잡기도 하고, 적극성이 부족하다고, 남들을 배려하지 않는다고 자신을 비난한다. 내가 겪는 관계, 심지어 인격까지 불평한다. 우리의 마음속에서 스스로 채찍질하는 이 목소리는 반복적으로 재생하는 고장 난 녹음기처럼, 끊임없이 자기를 감시하며 채근한다.

이러한 자기혐오와 불만족은 사실 더 나은 '나'가 되기 위한 마음의 전략이다. 지금 이대로는 부족하다고 믿고 있기 때문이다. 그러나 자기에 대한 신뢰와 사랑이 없는 자기비판, 불만족은 마음을 고통 속에 가둔다. 목소리의 요구사항을 모두 충족시킬 수 없기 때문에 자신을 무가치하게 여기게 된다. 죄책감을 느끼며, 그로 인해 자신을 비난하게 된다.

반면 자기수용은 비판적인 마음을 내려놓고 자신을 이해하는 과정이다. 그렇게 할 수밖에 없었던 자신을 용서하고 사랑하는 과정이다. 자기수용을 통해서 우리는 부당한 자기 책임감을 내려놓고 진정 자신을 용서할 수 있다.

그녀는 처음에 자기를 수용하고 받아들이는 것이 낯설고 힘들다고 했다. 지금까지 그런 경험이 없었기 때문이었다. '난 모자라고 부족해', '나는 아무것도 아니야!', '나를 인정하면 나태해져!', '내가 부족한 건 당연해', '내가 잘못했어', '내가 더 잘해야 해' 이렇게 생각하다가 갑자기 자신을 따뜻한 수용의 눈길로 만나는 것이 선뜻 내키지 않은 것이었다.

그녀는 자기 안의 작은 아이와 만나는 시간을 가졌다.

"괜찮아, 힘들었지, 참 힘들었지. 애썼다. 그동안 여기까지 오느라고 정말 많이 애쓰고, 견디고, 버텨왔구나. 네가 힘들었는데, 몰라줘서 미안해, 그동안 참고 견뎌줘서 고마워. 그동안 내가 너를 무시하고 외면했었구나. 정말 미안해. 내가 너를 비난하고 힘들게 했구나. 나는 그것이 너를 위한 것이라고 오해했었어. 앞으로 널 외롭게 두지 않을게, 너를 있는 그대로 알아줄게. 네가 원하는 것에 관심을 둘게. 네가 너로 살 수 있도록 도와줄게."

내 안의 아픈 부분과 진실하게 접촉하면 쌓여 있던 깊은 슬픔이 올라온다. 때론 억압된 분노가 올라오기도 한다. 한동안 자기를 외면하고, 방치했던 것에 대해 참았던 분노가 올라오는 것이다. 그녀의 마음속에서 갑자기 자기에게 화난 아이가 불쑥 올라왔다.

'난 너한테 화났어! 나를 무시하고, 외면하고, 방치했던 네가 미워!'

그녀는 순간 멈칫했지만, 곧 마음을 추스르고 내면의 화난 아이가 보낸 메시지를 따뜻하게 수용하며 공감해주었다.

'그랬구나. 미안해, 네가 이렇게 화가 많이 날 정도로 힘들었는데, 내가 돌봐주지 못해서, 정말 미안해.'

'난 너무나 속상해! 억울하고, 남들 눈치 보느라 늘 긴장하고, 숨도 제대로 못쉬고!'

'그랬구나, 정말 미안해, 내가 너를 정말 힘들게 했구나, 네가 이렇게 힘들었는데, 내가 정말 몰랐었구나.'

충분하게 화를 표현하게 해주고, 공감해주면, 화가 조금씩 누그러진다. 자기를 용서하고 화해할 수 있는 신뢰가 형성된다. 그녀는 이렇게 슬픔과 화, 두려움, 때론 무기력의 감정들을 하나하나 친절하게 만나고 공감하고 풀어냈다.

'선생님, 제가 저를 너무 힘들게 닦달하고 살았던 것 같아요. 숨도 못쉴 정도로 답답하고 힘들었는데, 이제 숨이 좀 쉬어지는 것 같네요. 저를 어떻게 대해야 하는지 이제는 알 것 같습니다.' 그녀는 한결 편해진 얼굴로 말했다.

과거에서 벗어나기 위해서는 자신과 타인을 용서할 수 있어야 한다. '용서는 사랑으로 통하는 가장 빠른 지름길'이다. 미국의 대표적 치유 전문가 루이스 헤이에 의하면 '사랑은 모든 것을 치유하는 힘'이 있다. 지금, 이 순간 순조롭게 인생이 흘러가지 않는다면 과거의 어느 순간에 사로잡혀 있을 가능성이 높다. 우리가 더 많이 용서하고 내려놓아야 할 것이 있다는 뜻일 수 있다.

'기적수업'에 의하면 우리가 타인을 판단하고 비난하는 것은 자신을 판단하고 비난하는 것과 동일하다. 엄격한 잣대로 '무책임하고 나쁜 사람'이라고 판단, 비난하면, 잠재의식에서 동일한 잣대로 자기를 판단, 비난하는 목소리가 생기는 것이다. 삶의 어느 시점에서 일이 잘 안 풀리고, 관계가 힘들어질 때, 내면의 판단하는 목소리는 '무책임하고 나쁜 사람'이라고 싸늘하게 자기를 꾸짖는다. 타인에 대한 판단과 비난을 내려놓으면, 자기 안에 죄의식과 자기혐오도 그만큼 줄어들게 된다.

마찬가지로 타인과 세상을 연민의 마음으로 수용하고 용서하면, 자기 자신에 대한 수용과 용서도 저절로 일어나게 된다. 그러면 특정 의식에서 지각하던 생각이 사라지면서 세상을 전혀 다른 차원으로 경험할 수 있다. 분노와 혐오감으로 지각하던 세상에서 희망과 가능성의 빛을 발견하게 된다.

용서하지 않아도 괜찮아

20대 후반의 미소씨는 아빠를 용서할 수 없었다. '용서해야 한다'는 생각은 마음을 무겁게 했다. 그녀는 아빠를 원망할 필요가 있었다. 그녀 안에 있는 화난 아이는 아빠에 대한 분노가 두껍게 쌓여 있었다. 분노를 표현하는 데 있어서 여전히 목말라 있었다.

분노의 감정 아래에는 슬픔이 있었다. 좌절이 있었다. 아빠에게 받지 못한 사랑, 그리워해도 받지 못하리라는 것을 확인하고 절망한 아이의 슬픔이 있었다. 슬픔보다 분노는 더욱 활력적인 감정이었다. 슬퍼하는 것은 도움이 안 된다고 생각했다. 분노는 '내가 옳다'는 정당성을 부여해 줬다. 좀 더 힘 있고 가치 있는 사람이란 느낌을 주었다.

그녀는 분노하는 정당한 이유를 찾았다. "본인이 한 말을 쉽게 까먹고 기억이 안 난다는 아빠", "본인에게 불리하면 침묵으로 일관하는 아빠", "본인 위주의 생활로 집안의 다른 사람들에게 손해를 끼치는 아빠" 아빠의 행동만 바뀔 수 있다면, 집안의 많은 갈등은 저절로 사라지게 될 것 같았다. 그러나 명백하게 본인이 잘못했음에도 불구하고, 자기 잘못을 인정하지 않고 방어하고 변명하는 아빠를 보면, 화가 치밀어 올라 크게 쏘아붙이곤 했다.

감정의 맨 밑바닥에는 허전함과 무력감이 있었다. 마음에 커다란 구멍이 뚫린 듯한 허전함을 채울 수가 없다고 했다. 아빠에게 기대했던 사랑을 받지 못한 그녀의 마음 한구석은 항상 공허했다. 분노를 쏟고 나면 참기 힘든 공허함이 밀려들었다.

그녀는 아빠를 이기고 싶었다. 아빠를 극복하고 싶었다. 용서하는 것은 왠지 아빠에게 지는 것 같은 기분이 든다고 했다. 아빠의 잘못이라고 믿고 아빠에 대한 원망을 가슴에 품고 있는 것은 일종의 자존심 같았다. 현실의 고통에 대한 책임을 돌릴 수 있는 보험과 같았다. 용서하면 자기를 지탱해온 분노의 힘이 무너질 것 같은 불안이 있었다. 분노는 그녀를 지탱한 힘이 되었다. 삶을 포기하지 않고 살아온 힘의 밑바닥엔 복수심이 있었다.

엄마는 오빠와 차별을 했다. 내가 힘들다고 하면, "그게 뭐가 힘들어?" 하면서, 면박을 줬다. 그래서 힘들어도 힘들다고 하지 못했다. 옷을 사달라고, 신발을 사달라고 한 번도 조르지 않았다. 말하면 엄마가 힘들어할까봐, 걱정됐기 때문이다. 누구에게나 왕자, 공주의 시절이 필요하다. 제대로 돌봄을 받지 못한 어린아이의 상처는 평생의 한 처럼 느껴졌다.

그녀는 슬퍼도 슬퍼할 수 없었다. 화나도 화를 낼 수 없었다. 감정을 표현하는 것을 허용 받지 못한 그녀는 자기의 감정을 스스로 풀어야 했다. 그러나 누구에게도 공감 받지 못한 감정, 자기 스스로도 공감하기가 어려웠다. 그녀는 자연스럽게 감정을 억압하기 시작했다. 맛있는 것을 먹거나, TV를 보면서 기분전환을 했다. 그러나 본질적인 치유는 될 수 없었다. 마치 질병의 원인은 그대로 둔 채, 진통제로 연명하는 것 같았다. 억압된 감정은 표출될 기회를 노리며, 항상 마음속에 웅크리고 있었다.

엄마는 자기의 감정을 다루지 못하는 성인이었다. 남편이 원망스럽고 화났지만, 남편에게 맞서지 못했다. 더 큰 화가 미칠까 두려웠기 때문이었다. 남편이 화를 내면, 마음은 겁이 나서 마치 죄인처럼 쪼그라들었다. 그녀에게는 자신의 처지를 보호할 방어기제가 필요했다. '아이들 때문에 남편에게 맞춰야해!' '이혼은 절대 안 돼!' 본인이 참고 견디기 위해서는 그것을 뒷받침해줄 가치와 논리가 필요했다. 엄마는 '남편이 불쌍하다'고 생각했다. '내가 아니면, 이 인간을 누가 보살펴주나?' 하는 생각이 들었다. 자식을 위해서 자기가 희생해야 한다고 합리화 했다. 그러나 남편에 대한 엄마의 억울함과 부당함은 딸에게로 이어졌다.

"네가 그러면 안 돼지, 아무리 그래도, 네가 아빠를 챙겨야지, 내가 이렇게 사는 것은 다 너를 사랑하기 때문이야!"

"그게 무슨 말도 안 되는 소리야, 남들에게도 이렇게 못하지! 사랑한다면서 날 이렇게 괴롭혀도 되는 거야?"

"네가 결혼하면 알게 될 거야! 네가 철이 없어서 그래! 너마저 그러면 난 어떻게 사니?"

엄마는 자기 삶과 감정의 책임을 딸에게 돌렸다. 딸은 어처구니가 없었지만, 반박할 수 없었다. 그녀의 안에는 꿈 많은 아이가 있었다. '나도 근사한 가정을 꾸릴 거야!' '근사하게 살 거야!' '멋지고 자유롭게 살아 갈 거야!' 하나하나 계획을 세우며, 자기 삶을 멋지게 일으켜 세우고 싶은 열망이 컸다.

　그러나 인생은 원하는 대로 흘러가지 않았다. 뜻하지 않은 상황변화로 잘 나가던 회사에서 나오게 됐다. 근사한 가정을 꿈꿨지만, 동시에 아빠로 인해 남자에 대한 의심과 결혼에 대한 두려움도 그만큼 컸다. 남들 다 하는 연예도 한번 못하고 청춘을 보냈다. 나이는 먹어 가는데, 이룬 것은 아무것도 없었다. 미래를 생각하면 여전히 막막하고 불안했다. '그래도 내가 그러면 안 돼지! 내가 힘들면 안 돼지! 그러면 다른 사람이 더 힘들어져! 나는 괜찮아!' 스스로 최면을 걸면서 힘을 돋으려고 했지만, 속마음은 전혀 달랐다. '나 힘들어, 힘들어 죽겠어! 차라리 죽어버리는 것이 좋을 것 같아!' 달리는 차도에 뛰어들고 싶다는 생각이 든 적도 여러 번 이었다.

　죽고 싶을 정도로 힘든데도 불구하고, "네가 왜 힘든지 모르겠다"고 말 하는 엄마를 보면, 당장 창밖으로 뛰어내리고 싶은 충동이 들었다. 힘든 것 보다 더 참기 힘든 것은, 그런 내 마음을 알아주는 사람이 한 사람도 없다는 슬픈 사실이었다. '가족은 사랑으로 이어져 있다'는 말이 너무도 멀게만 느껴졌다. 오히려 원수처럼 느껴졌다. '아빠만 없었다면~' 하는 생각이 꼬리에 꼬리를 물고 이어졌다.

그녀는 아빠에 대한 원망과 속에 있는 분노를 모두 표현했다. 마음속에만 있던 분노를 쏟아내고 나니 속이 후련하면서도 정신이 멍해졌다. 말로 표현하는 것만으로도, 가슴속에서 무언가 큰 게 빠져나간 듯한 기분이 들었다. 엄마에 대한 원망도 표현했다. 나를 보호해주지 못했고, 오빠와 차별하고, 자기감정을 딸에게 전가했던 원망들이 있었다. 그래도 엄마는 불쌍했고, 피해자란 생각에 엄마를 챙기고 위로해야 한다는 생각이 강했다. 그 생각을 내려놓자, 숨어 있던 원망이 쏟아져 나왔다. 분노할 만한 충분한 이유가 있었다는 사실을 받아들이자, 그동안 눌러 왔던 화의 에너지가 분수처럼 솟아올랐다.

용서하기 위해서는 분노를 표현하는 과정도 필요하다. 자기 안에 화난 아이, 복수하고 싶어 하는 아이가 충분히 풀어질 때까지 화의 감정을 표출할 필요가 있다. 화를 다른 사람에게 표출하면 더 큰 화를 불러오곤 한다. 그녀는 아빠를 원망했지만, 동시에 아빠에게 분노하는 것에 대한 죄의식을 갖고 있었다. "부모가 안 좋게 되기를 바라는 나는 나쁜 딸이 아닌가?" 하는 죄의식을 함께 가지는 것이다. 무의식 속에 미묘하게 스며든 죄의식은 자기 인생을 해롭게 끌고 간다. 죄가 있는 사람은 처벌받아야 한다는 믿음이 있기 때문이다. 그래서 그에 상응하는 방식으로 자기를 처벌하려고 한다. 인생과 건강에 문제가 생기면서 죄를 보상하려고 하는 것이다.

그러나 억지로 아빠를 이해하지 않아도 괜찮다. 용서보다 자기 돌봄이 먼저다. 자기 안에 화나고, 상처받고, 슬퍼하는 감정을 먼저 충분하게 인정하고 돌봐주는 것이 필요한 것이다. 그러다 보면, 용서할 수 있는 '수용acceptance'의 수준으로 마음이 확장된다. 참된 용서는 분노를 소멸시킨다. 죄의식이 녹아내린다. 세상을 행복하게 살아갈 수 있는 사랑을 회복시킨다.

"누구나 그런 상황에는 그런 극단적인 생각이 들 수 있어요, 그러나 생각이 든다고 다 행동으로 옮기는 것은 아녜요. 괜찮아요, 정말 죽고 싶은 생각이 들 정도로 많이 힘들었었겠네요. 얼마나 힘들었을까! 그 힘든 세월 용케도 잘 버텨왔네요. 정말 애썼어요!!" 그럴 수 있다는 누군가의 말이 안심되면서 참으로 고마웠다. "선생님의 말이 큰 위안이 되네요." 한결 편해진 얼굴로 그녀는 말했다.

용서는 나에게 상처 준 사람을 위한 것이 아니다. 용서는 그 사람에게 받은 부정적인 영향에서 벗어나겠다는 마음의 선택이다. 과거를 털어내고 미래로 도약하겠다는 가치 있는 결정이다. 그러나 용서가 어려울 때는 용서하지 않아도 괜찮다. 지금 나는 용서보다는 분노와 원망이 더 필요하구나 하고 알고 있으면 된다. 그리고 과정의 끝은 용서를 지향하고 있자. 분노와 원망은 하나의 과정이다.

단지 용서하겠다는 의도를 내보는 것이 큰 도움이 될 수 있다. 내 안에 더 큰 나가 용서 할 수 있도록 마음을 열어두는 것이다. 더 큰 나에게 용서를 위탁해 보자. 내 마음에서 용서가 일어날 수 있도록 간청하는 것이다. 완전히 내맡겨 본다. 그러면 어느 순간, 용서는 저절로 일어난다.

용서는 과거의 고통스러운 유산에서 벗어나게 해준다. 과거의 연장

선으로 미래를 살아가려는 관성을 멈추게 한다. 새로운 미래로 도약할 수 있게 해준다. 미움과 원망, 분노와 슬픔을 딛고 새로운 삶으로 나아 갈 수 있도록 한다.

자기 공감과 용서 연습

자기 공감은 과거의 자신을 이해하고 그렇게 할 수밖에 없었던 자신을 용서하고 사랑하는 과정이다. 자기 자신을 용서하는 것은 자기 사랑으로 통하는 관문이다. 이 과정을 통해 내 안의 상처를 치유할 수 있다. 다른 사람과 세상을 향한 열린 마음을 회복할 수 있다.

무언가 끝마치지 못하고 미해결로 남아 있는 일,

생각하기도 싫어 한쪽으로 치워둔 일은 무엇인가?

스스로 용서하지 못한 어떤 일, 행동, 감정 등을 떠올려 본다.

누군가를 미워하며 해를 끼친 일일 수도 있고,

다른 사람들 앞에서 불같이 화를 낸 일,

하기 싫다는 말을 못해 억지로 했던 일일 수도 있다.

이제 이 모든 것을 받아들이고 용서하겠다고 자발적인 의도를 내어본다.

자기 안에 취약하고, 위축되어 웅크리고 있는 작은 아이가 있다면,
따뜻한 연민으로 그 아이의 마음을 친절하게 알아주고 푸근하게 품어
본다.
죄의식과 두려움으로 불안해하고 있는 작은 아이가 있다면,
한없이 넓은 마음으로, '괜찮다'고 말해주고 자비롭게 용서해준다.

따뜻하게 이해하고 수용하는 마음으로 진실하게 말해본다.

"나는 나를 용서하겠어. 나의 모든 것을 수용하겠어."
나의 취약한 부분, 부족한 부분, 사랑받지 못할지도 모른다는 두려움,
내 안에 충족되지 못한 어떤 욕구, 인간으로서 완벽하지 못한 부분들
"이 모든 것들을 있는 그대로 받아들이고 용서하겠어."

수용과 용서는 우리 안에 있는 치유의 힘을 끌어낸다.
자기 사랑으로 통하는 가장 빠른 지름길이다.
자기를 받아들이고, 용서하면, 마음의 본성인 사랑이 드러난다.
자기 사랑이 점점 충만해지며, 다른 사람과 세상을 향한 마음이 열린다.

당신이 공감을 못하는
진짜 이유

나를 비춰주는 관계

30대 후반의 예선씨는 초등학교 저학년인 딸이 방과 후 수업을 하는 날 픽업하러 갔다가, 딸아이가 친구들 사이에서 잘 어울리지 못하고 위축된 모습을 보고 너무 속이 상했다고 했다. 드센 아이들 속에서 기를 못 펴고, 시무룩해 있는 모습에 마치 자기 내면의 열등한 아이를 보는 듯했다고 했다.

그녀는 어린 시절 아빠가 너무 싫었다고 했다. 술을 좋아하고, 목소리가 큰 아빠는 두려움과 혐오의 대상이었다고 했다. 아빠에게 애교 한번 부린 기억이 없었다고 했다. 아빠에게 자기의 좋은 점을 보여주고 싶지 않았다고 했다. 그만큼 아빠에 대한 원망과 상처가 컸다.

그런데 마음 한구석에는 여전히 아빠의 사랑과 인정을 갈구하는 아이가 있었다. "나는 우리 딸이 너무 좋아", "너무 예뻐", "대견해", "공부도 잘하고, 뭐든지 열심히 하는 우리 딸은 내 자랑이야." 이런 아빠의 목소리를 그녀는 그리워했는지도 모른다. '아빠에게 관심과 인정을 받으려고 해봤자 어차피 받지 못할 걸 차라리 기대를 말아야지', 어느 날 어린 예선씨는 이런 결심을 했다고 했다.

아빠에 대한 생각은 내면화되어, 자기와 세상을 대하는 자동화된 생각과 감정 패턴이 되었다. 남들보다 잘하고, 성공하고 싶은 욕구는 부족한 자신의 모습을 불편하게 여겼다. 어리숙하고, 주눅 들고, 자신감 없는 모습이 나올 때마다 마음은 불안해진다고 했다. 이러한 모습을 다른 사람에게 들킬까 봐 조바심이 난다고 했다. 안 그런 척 가면을 쓰고 행동했지만 돌아오는 발걸음은 언제나 무거웠다고 했다. '남들은 자신감 있고, 당당하게 자기를 표현하며 잘 사는 것 같은데, 나는 왜 이렇게 눈치 보고 자신감이 없을까?' 자신감을 높이려고 많은 노력을 했지만 마음속 자신감 없는 아이는 언제나 풀지 못한 숙제처럼 그녀 마음의 짐이 되었다고 했다.

그녀는 어린 딸의 모습을 통해 내면의 그림자를 마주치게 된 것이었다. 마치 거울처럼 딸은 자기 내면의 열등한 아이를 보여주고 있었다. 딸이 한심하게 보였고, 딸을 무시하는 친구들이 미웠다고 했다. 가서 혼내주고 싶었지만, 속상하고 답답해할 뿐 적절한 반응을 하지 못하고 얼어붙어 있었다고 했다.

그녀는 위축된 내면아이를 만났다. 상상의 눈으로 자기 내면의 아이를 보자 눈물이 마구 쏟아졌다. 아이가 너무도 불쌍하고 가여웠다. 아이에게 한없는 연민이 느껴졌다. 그런데 내면 아이에게서 뜻밖의 목소리가 올라왔다. "왜 나를 싫어해?", "어리숙한 내가 그렇게 싫어?", "부끄럼 많은 내가 그렇게 싫어?", "난 나를 그렇게 대하는 네가 섭섭해, 화나!!"
뜻밖의 목소리에 그녀 내면아이의 진짜 마음을 이해할 수 있었다. 돌봄
과 공감만 필요할 줄 알았는데, 자기로서 인정받고, 자유롭게 살고 싶은
강렬한 열망이 있다는 것을 발견했다.

그녀는 자신을 좀 더 깊은 수준에서 만나고 이해했다.

'아, 내가 나를 싫어하는구나.', '나는 이렇게 태어났고, 성격과 기질이
소심했는데 그것을 내가 싫어하고, 감추려고만 했구나.', '그래 나는 어
리숙해! 그게 어째서!', '그래 나는 소심해! 그게 어째서!', '자연스러운 나
를 감추려고 하고, 아닌 척하고, 바꾸려고만 하니까 인정받지 못해 위축
된 아이는 더 긴장하고, 타인에게 들키지 않으려고 더 조마조마해 했구
나. 그래서 더 위축되고, 불안해하고, 작아졌구나.'

그녀는 자기 내면의 아이에게 진심으로 사과하고 화해했다. 자기 안
에 뛰어나고 잘 난 아이도 있지만 부족하고, 여린 아이도 여전히 자기의
중요한 부분이었다. 자기의 한 부분을 부정하고, 세상에 당당해지기는
어려웠다. 오히려 부족한 나를 있는 그대로 인정하는 순간 담대한 용기
가 생겨났다. 당당하게 세상에 도전하고 성공하고 싶다. 멋지게 살고 싶
다는 열망과 자신감이 커졌다.

딸의 위축된 모습은 자기의 모습이었다. 보고 싶지 않은 자신의 모습
을 딸을 통해 보게 된 것이다. 자기 모습을 참을 수 없었던 것이었다. 자
기를 바꾸기도 쉽지 어려운 일이다. 그런데 어린 딸의 성격과 태도를 어
떻게 바꿀 수 있을까? 바꿀 수 없는 것을 바꾸려고 하다가 더 큰 부작용

을 낳게 되는 경우도 흔하다.

그녀의 마음속에는 여리고, 소심하고, 위축된 아이가 있었지만, 동시에 뛰어나고 멋진 아이의 모습도 존재했다. 내성적이기 때문에 사려 깊고 분별력이 뛰어났다. 다양한 입장과 상황을 종합적으로 보면서 사람들의 마음을 헤아릴 수 있는 지혜가 있었다. 섬세한 내면세계를 잘 알아차리고 표현할 수 있었다. 다른 관점으로 보니 열등함은 하나의 생각일 뿐 진실이 아니었다. 열등하다는 생각을 믿는 순간 그것을 바꾸려고 하거나 감추려고 한다. 감추면 더 깊은 무의식으로 숨어 들어가 문제를 더 키우게 된다. 양상을 바꿔가며 다른 문제들을 일으킨다.

그녀는 자기의 진실을 보게 해준 딸이 고마웠다. 친구들에게 무시 받으면서도 친구들을 좋아하고 해맑게 웃는 딸아이가 대견하게 느껴졌다. 친구들에게 무시 받는다는 것도 나의 생각이었다. 무시 받는다는 생각이 없다면 딸은 딸의 방식대로 친구들과 사귀고 어울리고 있었을 뿐이었다. 딸은 자기만의 속도로 성장하고 있었다.

관계는 거울이다. 관계는 나를 비춰준다. 상대는 나의 좋은 부분을 비춰주기도 하지만 내가 보고 싶어 하지 않는 회피하고 숨겨 왔던 그림자를 비춰준다. 상대를 통해 나를 볼 수 있을 때 우리는 성장한다. 내 안의 나와 만나며, 나를 수용하고 치유하는 기회를 얻게 된다. 상처받은 내 안의 작은아이가 치유될 때 진정한 자기 사랑이 펼쳐진다. 나를 사랑하는 마음은 그대로 다른 사람을 사랑하는 마음으로 확장된다.

고통스러운 관계가
반복되는 이유

내면의 미해결과제들은 관계의 상호작용을 통해 갈등으로 표출되곤 한다. 만약 갈등의 원인이 상대에게 있다고 단정하고, 그를 탓하고 바꾸려고만 한다면 관계와 상황은 점점 더 악화할 것이다. 역설적으로 문제를 해결하기 위해 상대를 바꾸려는 노력이 갈등과 문제를 증폭시키기 때문이다.

"세상은 희망이 없어요. 사람들은 다 이기적이고 믿을 수 없어요. 저는 사회에 적응하기 힘든 것 같아요. 세상이 두렵고 학교에 가기가 싫어요!" 중2 아들의 이야기를 들은 한 중년 남성이 상담을 받으러 왔다. 그는 아들의 상태가 걱정됐다. 학교생활과 사회에 적응하기 위해서는 아들의 생각을 바꿔줘야겠다고 생각했다.

"그건 네가 잘못 생각하는 거야! 안 그런 사람도 많아"
"나를 이해하는 사람이 아무도 없어요!"

"그게 무슨 말이니? 아빠 엄마도 너를 이해하고, 주변에 친구들도 있잖아?"

"그것 봐요, 지금도 내 말을 이해하지 않고 있잖아요!"

그는 아들의 생각에 문제가 있다고 생각했다. "아냐, 그건 네가 잘 못 생각하는 거야!" 반사적으로 아들의 생각을 부정하고, 아들에게 도움이 될 수 있는 충고와 조언을 했다. 그러나 그럴수록 아들은 더 의기소침해 지고 아빠와 대화를 피했다. 도움을 주고 싶은데, 방법이 없는 것 같아 걱정과 근심이 아빠의 마음을 무겁게 짓누르고 있었다.

그는 어린 시절부터 걱정이 많았다고 했다. 알코올중독이었던 아버지는 가정을 등한시했다. 밥 먹다가도 마음에 안 드는 것이 있으면 밥상을 엎을 정도로 화가 불같았다고 했다. 엄마의 힘든 삶과 걱정을 옆에서 보고 들으면서 자란 그는 엄마와 가족을 책임져야 한다는 생각을 강하게 가졌다고 했다. 어린 시절부터 그는 미래에 일어날 수 있는 안 좋은 일들을 걱정하며, 잠이 들었다. 걱정하는 안 좋은 일들이 벌어지지 않도록 준비해야 했기 때문이었다.

많은 부모는 자신도 모르게 자녀에게 상처를 주곤 한다. 화를 내거나 혼을 내며 아이에게 수치심, 죄책감, 두려움을 주면서 아이의 행동을 교정하려고 하는 것이다. 혹은 아이를 방치하거나 방임하여 상처를 주기도 한다. 그러면 아이는 자신을 지키기 위한 방어기제를 만들게 된다.

아들이 귀한 집안에서 딸로 태어난 아이는 부모에게 존재 그 자체로 환영받지 못하는 경우가 많다. 그러면 아이는 무의식 깊은 곳에서 자기를 존재 그 자체로 인정하기 어렵게 된다. '내가 아들로 태어났으면 부모님이 기뻐했을 텐데…. 아들로 태어나지 못해 미안해.'라며 죄책감을 느끼게 되는 것이다. 이러한 죄책감에서 벗어나기 위해 아이는 방어기제를 만든다. 소녀 가장 역할을 하거나, 부모의 감정을 위로하는 희생자 역할을 하거나, 착한 아이 역할을 하게 되는 것이다.

보살핌을 받고 신나게 놀아야 할 나이에 오히려 어른처럼 어깨에 커다란 책임감을 짊어지게 된다. 정작 자기감정은 뒤로한 채 엄마의 감정을 위로하는 것이다. 심할 때는 자신이 무엇을 원하는지, 자신의 감정이 어떤지도 알지 못하게 된다. 결국, 아이는 자신이 아닌 다른 사람이 원하는 삶을 살게 되면서 마음 한편이 늘 외롭고 공허해진다.

그는 아들의 말을 듣다 보면 걱정이 크게 올라온다고 했다. 걱정은 그에게 있어서 일종의 방어기제였다. 엄마의 걱정거리를 책임져 왔던 그는 자기가 하는 걱정은 당연하다고 생각했다. 그는 사랑하는 사람들을 걱정거리로부터 해방해 주고 싶었다. 그것은 그에게 당연한 역할이었고, 피할 수 없는 숙명처럼 여겨졌다고 했다. 그에 대한 보상으로, 그는 유능한 아이, 책임감 있는 아이, 문제를 해결하는 좋은 아이란 자아상을 유지할 수 있었다. 부모에게 자랑스러운 아들이라고 인정받았고, 회사에서는 신뢰할 만한 사람이라고 실력을 인정받았다. 그러나 그의 내면은 항상 외롭고 허전했다고 했다. 누구를 위해 사는 인생인가? 하는 질문이 때때로 올라왔다. 그러나 그는 외면하고 일에 전념했다. 답이 없는 질문이라고 생각했기 때문이었다. 일에 전념하는 동안은 허망함을 잊을 수 있었기 때문이었다.

그런데 집에서는 그의 방어기제가 오히려 갈등을 제공했다. 아들의 걱정거리를 해결하지 못하는 자기가 무능력하게 느껴졌다고 했다. 무능력감은 그의 마음을 더욱 무겁게 짓눌렀다. 마치 해야 할 일을 못한 무책임한 사람처럼 자신이 초라하고 한심하게 느껴졌다. 그는 그럴수록 최선을 다해 아들에게 도움을 주려고 노력했다.

'그것을 그렇게 하면 안 되지!'
'최소한 이 정도는 해야지!'
'그 정도도 못해서 어떻게 살아가겠니?'
'그 정도는 이겨낼 수 있어야 해!'

아들을 걱정하는 아빠의 애정 어린 충고는 아들을 자꾸만 작아지게 만들었다. 세상은 감당하기 벅찬 두려움의 대상이 되어갔다.

아들은 아빠와 대화하기가 싫었다. 아빠와 대화를 하면 걱정이 더 커졌다. 고민을 이야기하면 뻔한 대답이 돌아왔다. 와 닿지 않는 말을 하면서 조언만 하는 아빠가 짜증 나고 답답했다. 그런 아빠에게 걱정거리만 던져 주는 것 같아 미안하기도 했다. 아빠를 보면 말문이 막히고, 하고 싶은 말이 사라졌다. 그래서 점점 더 대화를 피하게 되었다.

아빠의 대화 속에는 '걱정하는 내면아이'의 두려움이 숨어 있었다. 걱정하는 아이는 걱정이 필요했다. 걱정했기 때문에 좋은 아이로서의 정체성을 유지할 수 있었던 과거의 경험이 있었다. 자랑스러운 아들이었고, 직장에서 믿을 만한 인재였다. 걱정하지 않는 자신은 무언가 허전하고, 부족하다는 느낌마저 있었다. 그는 속마음에서 끊임없이 걱정거리를 찾고 있었다. 없으면 만들어서라도 걱정거리를 들고 있어야 했다. 걱정거리가 없으면 불안이 찾아왔다. 좋은 아빠로서의 정체성을 유지하기 위해 역설적으로 아들은 걱정거리가 되어야 했는지도 모른다. 아들은 아빠 내면에 있는 '걱정하는 아이'를 보여주고 있었다.

자녀는 때때로 부모의 그림자를 보여준다. 부모의 그림자가 무엇인지를 정확하게 거울처럼 되비쳐 준다. 어떤 부모는 아이가 밥을 안 먹을 때 화가 치밀어 오른다. 어떤 부모는 아이가 징징거리면 참기 힘든 짜증이 난다. 어떤 부모는 아이가 빨리빨리 움직이지 않고 꾸물거릴 때, 속이 뒤집어지며 분노가 치민다.

어떤 남성은 대학교 MT 때 저수지에 놀러 갔다가 친구가 물에 빠져 죽을 뻔한 경험이 있었다. 당시 수영을 못했던 그는 두려움에 발만 동동 구를 수밖에 없었다. 다행히 주변에 수영을 잘하는 사람이 있어서 친구를 구해줬다. 그는 무능력하게 아무것도 할 수 있는 게 없었다는 사실에 부끄럽고 참담한 기분이 들었다. 결혼하고 자녀를 둔 그는 아이들에게 다른 것은 몰라도 수영은 꼭 가르쳐야겠다고 생각했다. '아이들이 수학이나, 영어 학원을 빠지는 것은 괜찮았지만, 수영하기 싫다고 하면 화가 치밀어 올라 참기가 어려웠다.' 대학 때 '친구가 익사할 뻔한 사건'에서 경험한 무력감과 참담한 기분을 아이들이 비춰주고 있었기 때문이었다. 정혜신 박사의 '당신이 옳다'는 책에 나오는 사례다.

잠재의식에 상처가 별로 없으면 아이의 감정에 공감해주는 것이 어렵지 않다. 그러나 상처가 많으면 그것이 잘 안 된다. 아이는 부모에게 공감받을 때까지 같은 행동을 반복한다. 아이의 문제를 통해 부모 자신의 그림자를 볼 수 있는 지혜가 필요하다. 내면아이의 상처와 욕구를 이해할 수 있어야 한다. 상처와 내면아이를 치유할 수 있을 때 불필요한 갈등을 제거할 수 있다. 타인을 바꾸려는 집착을 내려놓을 수 있게 된다. 고통스러운 관계가 반복되는 것을 비로소 멈출 수 있게 된다.

그는 먼저 자기 내면의 '걱정하는 아이'를 공감해주었다. 걱정하는 아이의 걱정이 가벼워지자, 상황을 좀 더 여유 있게 대할 수 있는 심리적 안정감이 형성됐다. 아들의 걱정과 고민을 진심으로 공감해줄 수 있는 마음의 공간이 생겨났다.

"아빠가 달라진 것 같아요. 아빠랑 대화하고 나면 마음이 편안하고 가벼워져요! 제 고민을 들어줘서 고마워요! 괜찮아요, 너무 걱정하지 마세요! 아빠랑 대화하는 것이 좋네요!"

"그래 너의 고민을 이야기해줘서 아빠도 고맙다! 지금껏 네 마음을 알아주지 못해서 정말 미안해! 아빠가 아빠 생각에만 빠져있었던 것 같아! 네가 당연히 그런 생각 할 수 있다고 생각해! 지금 당장 뚜렷한 해결책은 잘 안 보이지만, 같이 찾아보면 좋겠구나! 난 너를 믿는다!"

아빠의 달라진 태도에 아들의 마음이 움직이기 시작했다. 아들의 생각을 부정하고, 바꾸려고 하는 마음을 내려놓자, 아들의 마음이 진심으로 이해되기 시작했다. 친구들에게 실망해서 속상했던 마음, 아빠에 대한 짜증과 답답함, 미래에 대한 고민과 걱정들이 마음으로 전해진다고 했다.

과거의 그는 두려움, 불안, 걱정, 분노 등의 감정이 일어나면 그 감정을 느끼지 못하고 바로 회피해 버렸다. 머리의 생각으로 도망가, 상황을 분석하고, 해결책을 주도면밀하게 계획해서 아들에게 설득하려고만 했었다. 이제는 감정이 일어나는 것을 허용할 수 있는 여유가 생겼다고 말했다.

감정을 있는 그대로 느끼자 감정을 경험하는 것이 생각만큼 그렇게 어렵거나, 두려운 것이 아니란 것을 자각하게 되었다. 자기감정을 만날 수 있게 되자 아들의 감정도 있는 그대로 만나줄 힘이 생겼다. 아빠에게 감정을 공감받은 아들은 그만큼 걱정과 두려움의 감정이 줄어들었다. 두려움에도 불구하고 맞서 견딜 수 있는 용기가 조금씩 자라났다.

걱정의 감정을 문제라고 생각하고, 억압하거나 회피하면 오히려 문제가 가중된다. 걱정이 걱정거리를 불러와 걱정하는 현실을 만들어낸다. 걱정의 필터로 상대를 바라보며, 상대가 문제라고 판단하고 바꾸려는 과정을 통해 갈등이 심화한다. 걱정을 이해하고 내려놓으면 행복을 돕는 생기 있는 감정으로 전환된다. 상대를 공감할 수 있는 여유와 이해의 힘이 생겨난다.

"걱정은 쓸모없는 일이다. 만약 그 일이 잘될 일이면 걱정할 필요도 없고, 그 일이 잘 안될 일이라면 걱정할 필요는 더더욱 없다"고 붓다는 말했다. 그러나 걱정을 다루는 것은 쉬운 일이 아니다. 걱정을 안 하려고 해도, 조건과 상황을 주면 마음에서 걱정이 저절로 일어나기 때문이다. 그래서 걱정을 지혜롭게 다룰 수 있도록 마음을 훈련할 필요가 있다. 걱정을 우리 삶에 도움이 되는 에너지로 전환하는 방법을 제안한다.

걱정을 창조적 에너지로 변화시키는 4단계

1 자각한다 — 걱정이 올라오는 순간, 걱정의 감정과 생각들을 알아차린다. 이때, 판단이나 저항하지 않는다. "아, 내가 걱정하고 있구나, 이런저런 생각들이 걱정과 함께 있구나."

2 신체 반응에 주의를 기울이고 호흡과 함께 이완한다. - 걱정할 때 신체 반응이 어떻게 일어나는지 알아차리고 호흡을 하면서 이완한다. "등이 긴장하고, 뻣뻣하게 굳는 느낌, 아랫배가 싸늘하게 울렁이는 느낌, 목이 굳는 느낌 등"

3 걱정하는 내면 아이를 알아주고, 이해하고, 인정한다.

- "아, 네가 걱정하고 있구나, 문제가 생길까 봐 걱정하는구나, 아들이 좀 더 자유롭고 멋있는 인생을 살아가기를 바라는구나! 아빠로서 역할을 잘하고 싶구나!" 내면아이의 감정과 생각, 욕구를 이해하고 알아주면 걱정에 집착된 감정이 풀려나간다.

4 감정이 풀어진 상태에서 필요한 문제 해결 질문을 한다. - "더 나아지기 위해서는 무엇이 필요할까? 어떤 말과 행동이 도움이 될까? 아들에게 정말 필요한 것은 무엇일까? 이 상황에서 배울 수 있는 것은 무엇인가? 내가 정말 원하는 것은 무엇인가?"

이해의 가장 큰
걸림돌

비록 상대의 행동이 비합리적이더라도 상대의 행동에 그럴 만한 이유가 충분히 있다는 것을 가슴으로 이해하면 상대에 대한 연민의 마음이 살아난다. 상대에 대한 연민의 마음을 회복하는 것은 매우 중요하다. 상대에게 문제가 있다고 생각하고 그를 바꾸려고 하면 할수록 상대는 저항하고 반항하며, 공격하는 태도를 취할 가능성이 커지기 때문이다.

성윤씨는 아들 셋을 키우는 전업맘이다. 온종일 아이들과 지지고 볶고 하다가 밤이 되면 녹초가 되었다. 남편은 외국계 기업의 영업 본부장으로 왕성한 활동을 하고 있었다. 남편은 일주일에 서너 번 술자리를 가졌다. 사람을 관리하는 일이다 보니 술자리는 일상이 되었다. 집에 들어오면, 11시가 넘곤 했다. 몸은 녹초가 되어 피곤했지만 온종일 사람들과 부대낀 마음은 혼자만의 시간이 필요했다. 맥주 한 캔을 사 들고 집에 들어와 좋아하는 영화 한 편을 보는 것은 그의 유일한 낙이었다.

성윤씨는 남편이 너무 못마땅했다. 아침마다 퉁퉁 부은 얼굴로 요즘 몸이 많이 피곤하다고 하는 남편의 하소연이 어이가 없었다. 40대 중반을 넘어가는 남편의 건강이 걱정되었다. 아이들이 커갈 날을 생각하면 불안이 엄습했다. 불안은 남편에 대한 비난이 되었다. "몸 생각을 하면, 일찍 일찍 들어와서 운동해야지, 술을 왜 그렇게 자주 마셔? 집에는 왜 가지고 들어와? 정신이 있는 거야?" 온종일 아이들에게 시달린 마음을 알아주지 않는 서운함도 비난 속에 담겨 있었다. 남편에 대한 걱정은 한심함으로, 미움으로, 분노로 바뀌어 갔다.

남편은 아내의 말에 뒷골이 당겼다. 화가 부글부글 끓어올랐다. 밖에서 일하느라 고생한 남편에 대한 인정은커녕, 남편을 무시하고, 가르치려는 태도가 못마땅했다. 그리고 화낼 일이 아닌데도 화를 내는 아내는 정신적으로 문제가 있는 사람이라고 생각했다. 인정받지 못한 서운함은 아내에 대한 부정적인 판단을 강화했다. 화난 아내의 말에 경청하며 대화로 풀어내기보다는, 회피하고 외면하고 싶었다. 정상적인 대화가 어려운 사람이니, 피하는 것이 상책이란 생각이 굳어졌다.

성윤씨의 아버지는 엄하고 무서워 다가가기 어려웠다. 게다가 술을 마시면 엄마에게 폭언을 퍼부으며 화를 쏟아냈다. 성윤씨의 과거 경험은 술 마시는 남편에 대한 과도한 불안과 혐오를 만들었다. 그러한 감정에서 벗어나기 위해서는 남편을 바꿔야 했다. 설득과 강요, 위협과 동정심에 호소하는 것은 그런 기대를 실현하기 위한 전략이었다.

반면 남편의 어머니는 이성이 강한 분이셨다. 그는 어려서부터 어머니가 화를 내는 것을 본 적이 없었다고 했다. 오히려 화가 날수록 차갑고 냉정해졌다고 했다. 그러한 태도를 내면화한 남편은 화를 내는 사람들을 문제 있다고 생각했다. 자기 조절력이 없는 한심한 사람으로 여겼다. 화를 조절하며 냉정하게 이성적으로 판단하고 응대하는 자기에 대한 자부심이 컸다. 그런 남편에게 아내는 이상한 사람으로 비쳤다. 그런 남편의 태도는 아내를 좌절시키고, 화나게 했다.

상대를 바꾸려는 마음이 비워지고 있는 그대로 수용할 수 있는 마음이 커질 때 관계의 변화는 시작된다. 수용하기 위해서는 먼저 이해할 수 있어야 한다. 상대를 이해하는 깊이만큼 수용과 연민이 커진다.

상대를 이해하는데 있어서 가장 큰 걸림돌은 자기 판단이다. '알고 있다'는 판단은 관계를 '옳고 그름'을 따지는 첨예한 갈등 상황으로 끌고 간다. 판단을 내려놓기 위해서는 서로의 생각이 '틀린 것이 아니고 다르다'는 사실을 받아들일 수 있어야 한다. '내 생각이, 틀릴 수 있다'는 겸손함이 있어야 한다. 또한 '내가 모르는 다른 진실이 상대에게 있을 수 있다'는 호기심이 필요하다. 이러한 태도는 관계를 새로운 차원으로 발전시킨다.

어떤 사람이 문제가 있다고 보고, 그 원인이 무엇인지 찾아보는 것은 때로 중요할 수 있다. 어떤 행동이 왜 일어났는지에 대한 인과관계를 따지는 것이 필요할 수 있다. 그러나 관계에서 더 중요한 것은 자기 생각을 상대에게 전달하는 과정에서 느껴지는 존중과 배려다. 소통과정에서 일어나는 마음의 진정성과 따뜻한 공감이다.

상대가 '나를 이해하고 있다'는 신뢰는 마음을 따뜻하게 열어준다. 서로 다른 마음이 공감으로 연결된다. 피드백을 받아들일 수 있는 수용성이 커진다. 이것이 부족할 때 이성적 판단은 오히려 독이 될 수 있다. 아는 것이 관계에 더 큰 장애가 된다.

관계는 자기 안의 사랑을 확인하고 확장하는 통로다. 상대를 통해 내 안의 사랑을 만난다. 그는 나의 가장 소중한 모습을 보여주는 거울이다. 우리는 관계를 통해 성장한다.

감정을 폭발하는 아내와
화를 못내는 남편

40대 초반의 진성씨는 아내와 대화 하는 것이 너무 어려웠다. 그는 아주 어려서부터 부모님을 책임져야 한다고 생각했다. 힘들게 고생하는 부모님을 보며 어리광이나 떼를 부릴 수가 없었다고 했다. 힘들다고 이야기해봤자 도움이 되는 것이 없다고 생각했다. 오히려 힘들어하는 엄마에게 짐을 더한다고 생각했다. 그는 자기 안에 슬픔을 억압했다.

엄마에게 화를 자주 내시던 아버지를 보며, '절대로 화를 내는 사람은 되지 말자'고 결심했다. 화는 나쁜 감정이라고 생각했다. 슬픔과 화를 억압한 그는 기쁨과 즐거움의 감정도 잘 느끼지 못했다. 그는 인생의 즐거움을 진작 포기했다. 대신 문제를 해결해주는 역할에서 만족감을 찾았다. 성공적인 역할을 수행했을 때, 보람과 뿌듯함이 컷다. 힘들어하는 엄마가 안심하고 행복해하는 모습에서 삶의 위안을 찾았다.

그러나 결혼하고 자녀가 크면서 다른 양상이 펼쳐졌다. 아내와 말다툼이 잦아졌다. 아내는 대화가 안 되는 사람이라며 진성씨를 비난했다.

화는 나쁜 감정이라고 판단한 그는 화를 억눌렀다. 아내와 다툴 때 아내는 그에게 "화내지 말라"고 말하곤 했다. 그러나 그는 받아들일 수 없었다. 그는 화를 안 냈다고 생각했다. 감정적이고 합리적이지 못한 아내를 설득하기 위해 강하게 표현했을 뿐이라고 생각했다. 조용하게 말하면 잘 듣지 않으니 목소리가 커진 것으로 생각했다. 그렇게 만든 아내의 잘못이 더 크다고 생각했다. 그런 자신에게 화낸다고 비난하는 아내를 이해할 수 없었다.

　그러나 실제로 그는 화가 많이 났었다. 다만 "화를 내면 안 된다!", "화는 나쁜 것이다!"란 판단이 강했던 그는 화났다는 사실을 인정하고 싶지 않았다. 그의 내면아이는 화를 나쁜 것으로 믿고 있었다. 자신이 화를 낸다는 사실을 받아들이기 어려웠다.

　무의식에 화가 억압된 사람은 상대방이 화를 낼 때마다 자신의 무의식에 쌓여 있는 화가 폭발할 것 같은 두려움에 휩싸이곤 한다. 그동안 어렵게 쌓아 올린 "나는 좋은 사람이다"라는 이미지가 한꺼번에 무너질 것 같은 두려움에 사로잡히는 것이다. 그래서 상대의 감정에 공감하지 못한다. 대신 상대의 감정을 부정하거나, 상대가 화를 내지 못하도록 설득한다. 반면 자신의 감정을 제대로 공감받지 못한 상대는 자신의 화난 감정이 해소될 때까지 화를 낸다. 이러한 과정을 반복하면서 관계갈등은 깊어진다.

　아내는 남편이 늘 화를 참고 있는 것처럼 보였다. 화가 나면 난다고 하면 되는데, 아닌 척하고, 참는 모습이 답답했다. 자기를 가르치려 드는 남편이 싫다고 했다. 자기를 모자란 사람, 미성숙한 사람으로 몰아가는 남편이 미웠다.

　한 사람은 '화가 안 났는데 화를 냈다고 비난한다'며 화를 냈다. 다른 한 사람은 '화를 냈는데 화낸 사실을 인정하지 않는다'고 화를 냈다. 결론이 나지 않는 소모적인 싸움이 반복됐다. 대화하다 보면 아내만 부족한 사람이 되는 것 같은 불만이 쌓여갔다고 했다. 감정을 받아주지 않고 방어하고 설득만 하려는 남편과 대화하다 보면 감정이 폭발하곤 했다.

　화를 이해하면 갈등을 줄이고 행복한 관계를 만들 수 있다. 화는 중요하고 자연스러운 감정이다. 우리에게 중요한 것이 침해되거나 억압당했을 때 화가 난다. 화는 우리에게 중요한 욕구가 무엇인지를 알려주는 신호이다. 화를 수용할 수 있을 때 삶은 더 긍정적인 방향으로 흐른다. 다만 화를 적절하게 표현할 수 있는 지혜가 필요하다. 화를 표현하는 방법이 서툴면 화는 모든 것을 태워 잿더미로 만들어 버리기도 한다.

　"무슨 말인지 알겠어. 내가 바꿀게."

　"알긴 뭘 알아? 맨날 말만 하잖아! 맨날 똑같이 하잖아!"

　"나도 노력하고 있다고, 더 이상 어떻게 해? 당신도 당신 말만 하잖아!"

　"됐어, 그만해! 당신하고는 말이 안 통해! 답답해!"

　남편은 자기를 희생하며 노력한 대가로 부모와 다른 사람들에게 유능하고 좋은 사람이라는 인정과 지지를 받아왔다. 현재의 행복을 희생하고, 문제 해결을 위해 걱정하고, 타인의 감정을 책임지려는 자신의 태도 때문에 힘들고 지칠 때도 많았다. 그러나 주변 사람들에게 받는 지지와 인정은 버틸 수 있는 보상이 되어 왔다. 그런데 아내는 이해할 수 없는 반응을 보였다. 희생해온 자기를 오히려 비난하고 무시했다. 억울했지만 말을 꺼내면 싸움이 커졌다. 해결 방법이 손에 잡히지 않아 혼란스럽고 우울함이 깊어 갔다.

그의 내면에는 부모에게 받았던 인정을 아내에게 받지 못한 결핍과 원망이 있었다. 그것을 해소하지 않은 채, 아내의 요구를 들어주고, 아내의 결핍을 찾아서 채워주는 것은 어려웠다. 아내의 상처받은 속마음을 진심으로 받아주고 공감해줄 수 있는 마음의 여유가 없는 것이었다. 우리는 자기에게 없는 것을 다른 사람에게 줄 수 없다. 받지 못한 것을 지속해서 줄 때, 심리적인 불공평함이 커지고, 그것을 보상하는 쪽으로 마음은 흐르기 마련이다. 마음은 아내가 필요한 것에 대해 관심을 두지 못하고, 자신이 받지 못한 결핍을 채우는데 관심이 쏠리게 된다.

관계를 개선하고 대화방식에 변화를 주기 위해서는 먼저 자기를 돌보는 작업이 선행되어야 한다. 자기 안의 상처와 결핍을 돌보고 회복할 수 있어야 한다. 그렇지 않으면 자기의 결핍과 상처를 타인에게 투사한다. 상대방의 말과 행동에 문제가 있다고 생각하고, 상대방을 비난하고 바꾸려는 충동에 빠진다. 그 과정에서 관계는 점점 더 빠져나오기 힘든 수렁으로 들어가게 된다.

관계를 본질적으로 개선하기 위한 3단계 제안

1. 바꿀 수 있는 것과 바꿀 수 없는 것을 구분한다.

먼저 바꿀 수 있는 것과 바꿀 수 없는 것을 구분해 본다. 사람은 각자의 생각과 가치, 규범이 다를 수 있다. 같은 것은 무엇인가? 서로 다른 것이 무엇인가? 함께 살펴볼 필요가 있다. 각자 서로에 대한 요구사항을 솔직하게 말하고, 들어줄 수 있는 것과 들어주기 어려운 부분들에 관해 대화를 나눈다. 들어주기 어려운 부분들에 대해서는 시간을 갖고 이유와 대안 등을 함께 찾아간다. 이 과정에서 서로에 대한 차이를 발견하게 된다. 내 생각에서 벗어나 상대를 진정으로 이해하게 되며 서로 다른 것에 대한 수용성이 커진다.

2. 바꿀 수 없는 것은 수용한다.

우리는 다른 사람을 바꿀 수 없다. 자기 자신을 바꿀 수 있을 뿐이다. 바꿀 수 없다는 사실을 확실하게 깨달으면 마음은 오히려 커다란 해방감을 얻는다. 고착상태에 빠진 관계 문제를 해결하는 확실한 디딤돌이 된다.

민혁이의 엄마는 아들을 좋은 대학에 보내야겠다는 일념으로 살아왔다. 몸이 약해서 공부하지 못한 자신의 한을 민혁이를 통해 풀고 싶었다고 했다. 다행히 아들은 불평 없이 잘 따라주었다. 아니, 겉으로 그렇게 보였다. 민혁이 고1이 되자, 눌러왔던 불만이 터져 나왔다. "나는 엄마의 꼭두각시가 아녜요! 이제는 제게 의미 없는 공부를 안 할 거예요!"라는 민혁이의 말이 청천벽력처럼 들렸다고 했다. 하늘이 무너지는 것 같은 절망과 공포가 찾아왔다고 했다. 전교 10위권에 들던 아이의 성적이 바닥으로 곤두박질쳤다. 아들을 설득하고, 위협하고, 달래 봤지만 요지부동이었다. 아들은 우울증 진단을 받았다. 자살하고 싶다고 말하며 엄마를 불안에 떨게 했다.

　엄마는 삶의 의미가 사라진 것 같았다고 했다. 지금껏 공든 탑이 처참하게 무너져 내리는 것 같았다. 아들에 대한 간절한 사랑이 깨진 것 같아 허망했다. 그러나 아들의 성공을 바라던 엄마의 사랑은 아들을 위한 것이 아니었다. 공부를 못했던 엄마의 피해의식을 아들을 통해서 이루고 싶었던 욕심이었다. 아들의 성공을 통해 엄마의 결핍된 욕구를 보상받으려고 한 것이었다. 상담을 받는 과정에서 엄마는 자기의 욕심과 상처가 아들을 망치고 있었다는 사실을 깨달았다.

　엄마는 태어나서 처음으로 자기의 상처받은 속마음을 대면했다. 어린 시절의 상처와 절망, 슬픔과 열등감을 만나고 치유했다. 아들을 바꾸려는 엄마의 기대와 욕심을 내려놓고 비워냈다. 아들이 얼마나 힘들고 갑갑하고 절망스러웠는지 아들 입장이 되어 느껴보자, 말할 수 없는 미안함과 후회가 올라왔다. 아들을 위한다고 했던 말과 행동 하나하나가 비수가 되어 엄마의 심장을 아프게 찔렀다.

　엄마는 아들에게 용서를 구했다. 아들이 원하는 삶에 대해 아무 조건 없이 수용하고 지지해 주겠다고 말했다. 아들은 조금씩 마음의 안정감을 찾아갔다. 어느 날 아들은 "자기처럼 희망을 잃은 사람들에게 희망을 보여주는 사람이 되고 싶다"는 말을 하며 눈시울이 붉혔다. 오아시스 없는 황량한 사막 같던 아들의 마음속에서 희망의 작은 등불 하나가 켜졌다.

3. 기대^{expectation}하지 말고, 기여^{contribution}한다.

"당신은 다른 사람의 말을 잘 안 들어요!"

"무슨 소리야! 난 잘 듣고 있다고!"

"거봐요! 지금도 안 듣고 있잖아요!"

타인에 대한 기대를 하고 있으면, 타인을 바꾸려는 생각에만 몰두하게 된다. 상대의 이야기를 듣지 못한다. 타인의 부족함에 집중하고, 충고, 조언, 설득, 협박, 무시하면서 상대를 바꾸려 하게 된다. 그러면 상대는 회피하거나 반격하면서 바꾸려는 시도에 완강하게 저항한다. 기대를 내려놓으면 다른 사람을 있는 그대로 볼 수 있는 눈이 열린다. 상대방의 감정, 불안, 걱정, 욕구, 입장이 보인다. 상대방이 원하는 것을 줄 수 있게 된다.

A : "당신은 다른 사람의 말을 잘 안 들어요!"

B : "그래요? 어떤 부분에서 그렇게 생각하는 거죠?"

A : "제가 말하고 있는데도 스마트폰만 보고 있잖아요!"

B : "아, 그랬구나! 미안해요, 중요한 내용이 있어서 그랬는데, 섭섭했
   겠네요! 이제 말해 봐요. 어떤 일이 있었나요?"

어떤 할아버지가 냉장고의 문을 열었다. 냉장고 안에 할머니의 휴대폰이 들어 있었다. 할머니는 텔레비전을 보면서 뜨개질을 하고 있었다.

"당신 휴대폰 어디에 뒀어요?"
"탁자 위에 뒀어요! 찾아보세요!"

할아버지는 냉장고의 휴대폰을 꺼내어 탁자위에 슬그머니 올려뒀다. 치매 걸린 할머니가 실수한 것을 알고 민망해할까 봐 배려한 것이었다. 우연히 본 짧은 광고에 나오는 이야기다. 상대에 대한 기대를 내려놓을 때, 상대 입장에서 기여할 수 있는 지혜가 발동된다. 기대는 자기의 걱정과 욕망을 상대에게 투사한다.

"당신 정신 좀 차려! 도대체 몇 번이야? 나 없으면 어떻게 살래?"

걱정, 짜증, 화가 섞인 충고는 상대를 위한다는 긍정적 의도에서 나왔지만, 그것을 받아들이는 상대는 긍정적 의도를 무시로 오해해 맞서 싸우거나, 위축되어 작아져 버린다.

"잔소리 좀 그만하고 당신이나 잘하세요!"
"다른 사람에게 피해만 끼치는 사람이니 살 가치가 없구나! 내가 빨리 죽어야지!"

기대를 내려놓으면 상대가 있는 그대로 보이게 된다. 그 사람의 감정, 생각, 욕구, 입장과 상황을 상황을 볼 수 있는 여유가 생긴다. 그래서 그 사람에게 정말 필요한 방식으로 도움을 줄 수 있게 된다.

나의 사랑이 오해받지 않고 상대에게 전달된다.

바꾸지 않아도 괜찮아

40대 중반의 소진씨는 홀로 두 아들을 키우고 있었다. 그녀는 큰아들과의 관계에 어려움을 겪고 있었다. 그녀는 아들이 너무 게으르고, 게임에 빠져있다고 걱정했다. 한번은 일을 일찍 끝마치고 오후 3시에 집에 들어왔다. 아들은 머리도 안 감은 채 그때서야 일어났다. 싱크대에는 씻지 않은 식기들이 가득했다. 그녀는 화가 머리끝까지 치밀어 올랐다고 했다. 이혼한 남편의 모습을 보는 것 같아 짜증 나고 속상하고 화가 났다고 했다.

전남편은 일본의 W대를 졸업한 머리 좋은 엘리트였지만 무능했다고 했다. 잠시 휴직하겠다고 하더니 수년째 특정한 직업을 갖지 않고 있었다고 했다. 어쩔 수 없이 혼자 직장을 다니며 가장 역할을 하게 되었다. 어느 날 몸이 안 좋아 조퇴를 하고 오후에 귀가한 적이 있었다. 남편은 그때까지 아이들을 씻기지도 않은 채, 방치하고 컴퓨터 화면만 들여다보고 있었다. 너무나 기가 차고 어이가 없었다. 더 이상 기대할 것이 없다는 생각이 올라와 이혼을 결심했다고 했다.

홀로 고생 고생해서 키운 큰아들의 모습에서 그녀는 남편의 모습을 보게 되었다고 했다. 시골의 공무원이셨던 아버지는 자존심이 쎄고 엄했지만 무능력했다고 했다. 그녀는 중학교 때부터 아르바이트하며 돈을 벌어야 했다고 했다. 공부가 너무 하고 싶었던 그녀는 야간에 독학하며 검정고시로 학교를 졸업했다. 홀로 자녀들을 키우며 석사학위까지 받았다. 그녀는 악바리로 힘들게 인생의 어려움을 극복하며 살아왔다. 고생스러웠지만 꿈을 하나하나 이뤄나가는 보람과 기쁨이 컸다. 그런 그녀에게 게으른 것, 노력을 안 하는 것은 참을 수 없는 인생 태도였다.

그녀는 이혼 후 아이들을 홀로 키우면서 말할 수 없는 노력을 했다. 자녀들은 엄마가 집에 없는 상황을 견뎌야 했다. 그녀는 어쩔 수 없는 상황을 자녀들에게 설득했다. 늦게라도 집에 들어가며 자녀들에게 책임감 있는 모습을 보이려고 노력했다. 그러나 자녀와의 갈등은 피할 수 없었다.

큰아들이 고2가 되었는데도, 공부를 안 하며, 게임에 빠져 는 모습을 보면 한심스럽고, 답답했다. 남편의 지긋지긋한 모습이 투사되면서 화가 났다. 그런 남편의 삶이 어땠는지 잘 알기에, 아들도 그런 삶을 살까 봐 걱정이 되었다. 그녀는 아들을 설득하고, 강요했다. 목소리가 커지고, 화를 내면서 행동을 교정하려고 했다. 그러나 그럴수록 아들은 반항했다. 공부하겠다고 말하고는 안 하는 행동을 반복했다.

"너 학원 갈래 안 갈래?"

"안 가."

"그러면 뭐 할래?"

"알았어, 갈게."

"네가 간다고 했으니 네 말에 책임져!"

학원에 간다고 말은 했지만, 아들의 속마음은 억울했다. 강요받은 선택이기에 반발심이 생겼다. 아들은 학원에 간다고 하고, 안 가며 PC방에 들락거렸다. 엄마는 PC방에 간 것뿐 아니라, 이제는 약속을 어기고 거짓말한 아들의 태도가 불쾌했다. 그래서 이제는 아들의 인격을 갖고 비난하기 시작했다. 아들은 무책임한 사람이 되었고, 미래가 불투명한 사람이 되고 있었다. 바꾸려고 하면 할수록 아들은 바뀌지 않았다. 거꾸로 반항하는 행동이 반복되었다.

우리는 자기가 스스로 선택한 것에 대해서만 책임을 질 수 있다. 자율적인 선택은 책임감을 불러온다. 책임 있는 행동에 대해 뿌듯함을 느끼며 자기 효능감이 강화된다. 그러나 부모가 대신 선택해주거나 설득해서 할 말을 못하게 만들면 선택하고 나서 안 하고 싶은 마음이 드는 양가감정의 모순에 빠지게 된다.

부모는 그런 모습을 책망한다. 부모는 아들이 반성하고, 책임감 있는 건강한 성인으로 성장해 나가기를 기대한다. 그러나 정작 아들의 마음에서는 반대의 마음이 일어난다. 반항심 때문에 반대로 행동하고 싶은 동기가 커진다. 때로는 자신에게 실망하고 좌절하여 포기하기도 한다. "난 그런 아이니까, 그냥 좀 놔둬!"라고 자신을 체념해 버리는 것이다. 이러한 자학구조의 본질은 반항이다. 자신을 공격함으로써 부모의 마음을 아프게 하려는 본능이 숨어 있다. 부모는 결국 손을 들어버리게 된다.

바꾸려고 하면 안 바뀐다. 그렇다고 그냥 놔두면 방치하는 것 같아 걱정된다. 부모의 역할을 안 하는 것 같아 스스로에 대한 죄책감에 빠지기도 한다. 이러지도 못하고, 저러지도 못하는 심리적 갈등 지대에서 부모는 좌절한다. 무기력과 무능감 속에서 인생의 중요 목표를 체념해 버린다. '인생은 원래 그런 거야! 아무도 나를 알아주지 않아! 자식도 결국은 남이야! 나는 무엇을 위해 살고 있는가?' 하는 회의에 빠져버리기도 한다.

이러한 관계를 어떻게 변화시킬 수 있을까?

아들과의 관계에서 일어나는 화와 두려움의 근원이 자기에게서 비롯됐다는 사실을 먼저 인정할 필요가 있다. 또한, 아들의 행동을 바꾸려고 하는 시도는 정당할 수는 있지만 효과적이지 않다는 사실을 자각하는 것도 필요하다. 아들의 반항적인 행동은 아들만의 문제가 아니다. 부모와 상호작용의 결과로 드러나는 양상이다. 아들의 행동을 바꾸기 위해서는 상호작용이 달라져야 한다.

엄마의 충고와 비난은 아들의 행동을 변화시키는데 비효과적이다.

오히려 안 좋은 행동을 지속하는 원인이 될 수 있다. 공부하라는 엄마의 신경질적인 목소리는 공부하려는 아이의 의욕을 꺾는다. 오히려 공부를 안 하고 싶은 마음이 들며, 반항적인 자기 행동을 지지하는 심리적 자원을 받을 수 있다. "엄마가 저렇게 나오니, 안 하고 싶지!" 하며, 자기 행동에 대해 엄마를 핑계로 합리화하는 것이다.

엄마의 말과 행동은 비효과적이다. 화를 내는 이유는, 엄마의 말을 아들이 잘 듣고, 행동 변화가 일어나기를 바라는 의도 때문이다. 그런데, 실제로는 아들의 행동을 지지하는 원인을 제공하고 있다. 무엇 때문에 화를 내는 것인가?

'스탑stop'하라. '스탑'은 더 큰 갈등으로 우리를 몰아가지 못하게 하는 제어장치다. 그것이 도움이 안 된다면 화를 낼 이유는 사라지는 것이다. 화가 날 수 있다. 그러나 화를 표출하는 것은 해롭다.

설득적 대화는 비효율적이다.

논쟁은 더 큰 논쟁을 불러일으킨다. 물론 논쟁이 도움이 되는 경우도 많이 있다. 그러나 신뢰와 상호존중이 결여된 논쟁은 화를 일으킬 뿐이다. 내 생각이 다른 사람의 생각과 다르다고 해서 그 사람에게 내 생각을 강요할 수 있는 권리는 없다.

논쟁을 잘하는 부모는 아이를 쉽게 설득시킨다. 합리적인 명분과 정당성을 들이대며, 아이의 행동이 왜 문제가 되는지, 어떻게 행동해야 하는지를 설득한다. 문제는 설득당한 아이의 마음에 억울함이 쌓이고 있다는 것이다. 억울함은 시간이 지나감에 따라 서서히 반항과 무기력으로 드러난다.

특히 가족관계에 있어서 논쟁은 서로의 심장을 겨누는 날카로운 칼이 될 수 있다. 또한, 논쟁을 통해 증명할 수 없는 상황들은 너무나 많다.

아내 : 당신은 나를 무시했어!

남편 : 내가 언제 무시했어?

아내 : 이것 봐 지금도 무시하잖아!

남편 : 이게 뭐가 무시하는 거야?

아내 : 당신은 내 말을 듣지 않아!

남편 : 무슨 소리야! 지금 듣고 있잖아!

아내 : 당신은 벽 같아!

남편 : 당신은 너무 감정적이야!

아내 : 당신은 나에게 관심이 없어, 나를 사랑하지 않아!

남편 : 당신은 요구가 너무 많아! 나도 할 만큼 하고 있어!

상대방의 주장을 설득해서 나의 주장을 수용하게 하는 것은 불가능한 일처럼 보인다. 당신은 틀렸고 내가 옳았다는 것을 설득하기 위해서는 논쟁이 필요한 것이 아니다. 서로에 대한 인정과 경청이 필요하다.

또한, 상대의 주장에 대한 반응은 부인, 반박, 변명의 말들로 되돌아 온다.

"그렇지 않아."

"그건 당신이 잘못 생각한 거야."

"미안해, 하지만 나도 할 말은 있어."

어떤 형태로든 표현된 말들은 상대방에게 존중받지 못하고 있다는 느낌을 전해줄 뿐이다. 이것에 대한 반응은 더욱 격렬하게 자신의 주장을 하며 상대가 틀렸다는 것을 증명하는 것이다. 그 과정에서 논쟁은 격렬해지고, 감정은 격해진다. 상대는 나를 공격할 정당성을 갖는다. 무시당했다는 느낌이 커지고, 억울함과 분노, 자신을 보호하고자 하는 본능에 의해 논쟁은 더 큰 갈등으로 비약되곤 한다. 바꾸려고 하지 않아도 괜찮다. 바꾸려고 하는 마음이 비워지면 상대의 진실을 만날 수 있는 가능성이 커진다. 설득하려는 대화에서 이해하려는 대화로 흐름이 달라진다. 서로의 다른 생각이 소통되면 이해로 만나게 된다. 관계는 새로운 차원으로 이동한다.

관계의 수렁에서
벗어나기

40대 후반의 예진님은 남편이 원망스러웠다. 얼마 전 급성 허리디스크가 발생해, 온 몸이 굳어져 앰블란스에 실려 갔었다. 병원에 꼼짝없이 누워만 지내는 신세가 됐다. 남편이 회사를 마치고 문병을 왔다. 그러더니 내일 회사에 일찍 가야한다고, 일찍 일어나려면 집에 가서 자야겠다며 자리를 일어섰다. 몸을 혼자서 움직일 수 없었던 그녀는 갑자기 살아오면서 참았던 모든 원망과 분노가 올라왔다고 했다.

"아니 당신은 지금 제정신이야? 내가 아픈 게 안 보여? 몸도 움직이지 못하는 것 몰라? 사람이 어떻게 그렇게 자기만 생각해? 이기적이야? 그래, 가버려, 가버리라고! 당신과 지금껏 같이 산 세월이 너무나 후회되고 원망스럽다!!"하며 쏟아 부었다. 그런데도 도대체 자기가 뭘 잘못했는지 모르는 듯 남편은 눈만 멀뚱멀뚱 뜬 채 아내를 쳐다 보았다.

그녀는 당연한 것을 모른 척 하는 남편이 너무나 원망스러웠다. 남들에 대한 배려와 희생을 하면서 살아온 그녀는 다른 사람의 욕구와 필요, 감정을 파악하는 능력이 뛰어났다. 그녀는 말 그대로 '척 하면 척', 하고 알았다. 직관적으로 다른 사람이 불편한 것을 알아차렸고, 그것을 채워주지 못하면 자기 마음이 괴로웠다. 그래서 다른 사람에게는 좋은 사람이라는 말을 많이 들었지만, 내면에는 억울함과 피해의식이 쌓여갔다. 자기가 해준 것만큼 자기를 알아주고 배려주는 사람이 없었기 때문이었다.

반면 남편은 이성과 합리성을 중요하게 생각했다. 문제를 가능한 효율적이고, 적은 에너지를 투입해서 해결하고자 했다. 불필요한 에너지와 시간을 낭비하는 것을 본능적으로 싫어했다. 감정은 불편하고, 예측하기 어려우며, 실수투성이라고 생각했다. 가능한 감정을 절제했으며, 그렇게 하는 것이 옳다고 믿어 왔다. 그는 아내가 화내는 것을 이해할 수 없었다. 만약 몸을 움직일 수 없어서 화장실에 가기 어렵다면, 자기에게 부탁하면 될 일이었다. 그리고 병원의 시스템이 있으니 간병인이 와서 새벽에 한두 번 정도 도와주도록 요청하면 될 것이라 생각했다. 전후사정 없이 느닷없이 화내는 아내가 이해할 수 없었다. 그런 아내가 미성숙하고, 어리석다고 생각했다.

아내는 자기의 욕구와 필요를 몰라주는 남편이 이해가 안 됐다. 유치원생도 알만한 일을 20년을 넘게 살면서 알지 못하는 남편이 이상했다. 아내에 대한 관심과 사랑이 없고, 자기만 아는 사람이라는 판단만 들었다. 그래도 아이들을 위해서 참고 참으며 버텼는데, 인내심이 바닥이 났다고 생각이 들자, 남편을 벼락 치듯 몰아세우고 비난했다. 그런데도 개선되지 않을 것 같은 생각에 허망하고 슬펐다. 이런 이상한 남자와 결혼한 세월이 후회되고 원망스러웠다.

예진님은 지금 불가능한 방식으로 자기가 원하는 것을 요구하고 있어요. 말은 내가 하는 것이 중요한 것이 아녜요. 말은 상대방의 반응이 중요해요. 이게 무슨 말일까요?

글쎄요? 알듯 말듯 하네요.

우리가 하는 모든 말은 의도가 있어요. 가령 지금 화가 났으니 화를 내기 위한 목적이 있을 수 있어요. 그리고 남편에서 상처 줬으면 좋겠다는 의도도 있어요. 내가 이렇게 당했으니, 너도 한번 당해봐, 아파봐! 하는 마음이 있는 거예요. 그리고 가장 중요한 것은 제발 좀 깨달아라! 하는 거예요. 그래서 좀 바뀌었으면 좋겠어! 하는 거예요. 나를 좀 알아주고, 내가 원하는 것을 들어줬으면 좋겠어! 하는 거예요.

맞아요. 코치님 말이 다 맞아요. 그 모든 게 다 들어 있어요.

그동안 쌓인 게 얼마나 많아요. 그동안 쌓인 것이 많으니, 화내고 푸는 것도 중요해요. 그런데 대화에서 중요한 것은 '내가 왜 이 말을 상대에게 하는가' 하는 목적을 알아야 해요. '아 내가 화가 많이 났구나, 그래서 이 인간에게 화풀이 하는 구나' 그것을 아는 거예요. 그러면 다른 기대를 안 해요. 화풀이 하고 나서, 내가 원하는 것 해줘! 하는 것은 말이 안 된다는 거예요. 어떻게 생각하세요?

음, 일리가 있네요.

그렇죠? 만약 원하는 것을 해주기를 기대한다면 말을 다른 방식으로 해야 해요. 예를 들어서, 원하는 것을 직접 요청하는 거예요. '오늘 밤에 내가 몸을 움직이지 못해서 화장실을 못가니 당신이 병원에서 같이 자주면 좋겠어!'라고 말이 예요.

아니, 그것을 말로 해야 해요? 당연히 알아야 하는 것 아닌가요?

그러게요. 당연히 알면 좋겠죠. 정말 좋겠죠. 그런데 그게 가능할까요? 지금까지 어땠었나요? 20년간 당연한 것을 몰랐던 사람잖아요. 당연히 알지 못해요.

그러네요(그녀는 오히려 진실을 알고 허탈한 듯 웃으며 대답했다).

당연하지 않아요. 당연한 것은 예진님한테 당연한 거예요. 남편을 남편으로 보지 마세요. 남편을 아들로 보세요. 그것도 7살짜리.

그래도 아들은 예쁜데요. 남편은 너무 미워요, 정말.

밉죠. 그리고 정말 미운 행동만 골라하죠. 왜 그럴까요? 가르쳐주지 않았기 때문이 예요. 내가 원하는 행동을 하도록 대화하고 요청하는 방법을 몰랐기 때문이 예요. 남편을 남편으로 보면, 역할에 대한 기대가 생기잖아요? 그런데 그것을 못해요, 안 해요, 그러면 어떻게 돼요? 남편이 미워져요. 그러면 말이 비난하는 말이 나가는 거예요. "당신 왜 그래? 왜 그렇게 자기만 생각해? 왜 그렇게 사랑이 식었어?" 하면서 말이 예요. 이것은 그냥 화풀이 일 뿐 이예요. "나를 좀 생각해줘, 나를 좀 배려해줘, 내가 사랑 받고 있다고 느끼게 해줘" 하는 내 진짜 의도를 알 수 없게 말하고 있는 거예요.

와, 그러네요. 코치님 말을 듣고 보니 그러네요. 그런데 너무 어려워요. 그리고 마음이 너무 힘들어요. 그 인간에게 그런 말을 하고 싶지도 않네요.

괜찮아요. 그동안 원망이 얼마나 많았어요. 실망하고, 쌓인 게 얼마나 많아요? 그러니까 하루 아침에 마음이 바뀌기는 어렵겠죠. 그래서 지금은 비난하고 원망하는 것도 필요해요. 그런데 중요한 것은 일단 관계의 원리를 아는 겁니다. 관계는 상호작용이 예요. 쉽게 말하면 쌍방과실이 예요. 관계갈등은 받아들이기 어려울지 모르겠지만, 거의 모두가 쌍방과실이 예요. 상대방 뿐 아니라, 나에게도 일정부분 책임이 있어요.

그건 동의해요. 그래도 남편이 더 많이 잘 못하고 있는 것 아닌가요?

그럴 수 있죠. 근데 그것은 누구의 입장에서 그런 걸까요?

물론 제 입장이죠. 마음이 한결 가벼워진 그녀는 웃으며 대답했다.

저는 '누가 잘 했나 잘 못했나'를 말하는 게 아녜요. 아시죠? 다만 서로가 다르다. 성격이 다르잖아요. 예진님은 관계가 중요한 사람이잖아요. 서로 대화하고 수다 떠는 것 좋아하는데, 남편은 어때요? 사람보다 물건과 일을 더 좋아하잖아요? 말 도 없고, 자기 시간 중요하고, 다른 사람에게 에너지 뺏기는 것 싫어하고.

휴~ 그래요. 제가 사람을 잘못 선택했나 봐요. 그 사람이 그래요. 옛날에는 못됐다고 생각했는데, 코치님 말이 맞아요. 그 사람이 그런 사람이 예요. 그래서 제가 너무 외로워요. 혼자라는 생각이 들 때가 너무 많아요.

　그러게요. 남편이 성격이 잘 맞고 좋아하는 것도 서로 비슷하면 너무 좋을 텐데... 그런데 현실은 현실이에요. 남편은 그런 사람이 아네요. 그러면 남편을 바꾸려고 하는 것 보다 적응하는 전략을 취하는 게 훨씬 유리해요. 어떻게 생각해요?

　맞아요. 제가 여전히 미련을 못버리고 있었나 봐요. 자꾸 내 기대대로 안하면, '정말 사람이 왜 저래?' 하는 생각에 화가 치밀어 오는데 주체할 수가 없어요. 아마 남편도 저 때문에 많이 힘들었을 거예요. 자기 딴에는 맞춰준다고 해도 제가 성에 차지 않아서 항상 잔소리하고 짜증내고 그랬으니.

　두 분은 개인적으로 너무나 좋으신 분들이잖아요? 다만 상호작용의 원리를 잘 몰라서 지금껏 관계가 불필요하게 더 많이 어긋났다는 생각이 들어요. 이제는 남편을 남편으로 보지 마세요. 남편에 대한 기대를 내려놓으세요. 그러면 어떻게 될까요?

　그러면 뭐 싸울 일도 없겠죠.

　그거예요. 일단 싸울 일을 만들지 않는 거예요. 그러면 상처를 주고받진 않을 거잖아요? 그러면 남편의 모습에 내가 좀 더 적응할 수 있어요. '저 인간 왜 저래? 저 인간 나를 무시하는 거 아냐?' 에서 '저 사람이 저렇지! 저 사람이 지금 혼자 있고 싶구나!'로 바뀌어요. 비난에서 이해로 바뀌는 거예요. 이것만 돼도 엄청난 도약입니다.

　그렇죠. 그러면 서로가 정말 편해지겠죠.

그죠. 그리고 필요한 게 있으면 구체적으로 요청하세요. 7살 아들이라고 생각해 보세요. 밥 먹고 자기 밥그릇도 못 챙기잖아요? 어떻게 하나요? "밥 다 먹으면 네 밥그릇은 싱크대에 넣어라!" 하고 말해줘야 해요. 그래도, 숟가락과 젓가락은 그대로 식탁에 있어요. 왜? 그것은 말해주지 않아서. 남자들이 그럴 수 있어요.

맞아요. 그래요. 정말 지능이 떨어지는 것 같아요. 그녀는 크게 웃으며 동의했다.

맞아요. 특히 관계 쪽에서 남자는 여성보다 한참 떨어지는 것 같아요. 그러니까 눈높이를 맞춰서 이야기 해줘야 해요. 아니면 못 알아들어요. 그렇게 필요한 것 알아들을 수 있는 방식으로 아주 구체적으로 요청하세요.

그러네요. 이제 어떻게 남편과 대화할 지 정리가 좀 되네요. 자신은 없지만 한번 해보겠습니다. 진작 이것을 알았어야 했는데, 그러면 그동안 이렇게 힘들게 오지 않았겠다는 생각이 드네요.

그리고 중요한 게 있는데, 바로 '자기 하고의 관계'예요. 예를 들어, 몸이 아프면 좋은 게 있어요. 뭘까요?

글쎄요. 요즘 아이들이 저를 잘 챙겨주더라고요.

그죠? 몸이 아프니까 아이들이 엄마를 드디어 배려해주잖아요. 평생동안 남의 욕구, 감정만 챙기다가 인생 다 허비했는데, 그리고 보상도 받지 못하고, 그것이 억울하고, 화나는데, 그렇다고 주변 사람들에게 나이것 해줘 하고 요청하는 것도 자존심 상하고, 그래서 알면서도 운명이라 생각하고 참고 지냈잖아요? 그런데, 아프니까 몸이 안 움직이니까 어때요? 아이들이 엄마 챙겨주고, 지 할일 알아서 하고, 어쨌든 남편도 병실까지 와서 화를 독우긴 해도, 뭔가 해주려고 하잖아요?

그러네요. 정말 그러네요.

병도 목적이 있어요. 병이 나에게 좋은 것이 있어요. 그런 심리적 이유가 숨어 있을 때, 심리적 문제를 해결해줘야 해요. 그러면 병도 쉽게 나을 수 있어요. 그런데 병이 걸려도 그 이유를 모르면, 계속 반복되고 악화될 수 있어요.

코치님 말 듣고 보니 왠지 무서워지네요. 제가 마음을 잘 봐야 겠다는 생각이 들어요. 갑자기 허리에 디스크가 오니 오히려 마음이 편해지긴 했어요. 주변 사람들이 나에게 요구하지 않고, 나도 핑계대고 가만히 있으면 되니까요.

그렇죠. 병이 나에게 주는 메시지가 있어요. 잘 경청해 보세요. 예진 님은 그동안 자기의 필요와 욕구를 많이 무시해 오셨어요. 다른 사람의 필요와 욕구 챙겨주느라. 그래서 자기 자신에게 많이 화나 있을 수 있어요. 내 것도 좀 챙겨줘 하고 말예요.

맞아요. 저는 뭐래도 괜찮아요. 아이들만 잘 되면 된다, 그것 하나만 갖고 살아왔어요. 지금 생각하면, 내가 왜 그랬나 싶어요.

그래도 지금껏 잘 해왔고 잘 버텨왔어요. 그래서 어쨌든 아이들이 잘 커줬잖아요. 감사하죠. 이제는 자기 몸, 자기 마음을 잘 돌봐주세요. 그것을 안 돌보면, 남편에 대한 서운함과 원망이 더 커질 수 있어요. 다른 사람에게 못 받았는데, 남편은 알아줘야 하는 것 아닌가' 하는 보상심리가 생겨서 그래요. 남편은 자기가 잘못한 것 이상으로 비난 받는다는 느낌이 있으니까, 자기가 잘 못해서 미안한 마음과 함께 억울하고 부당한 느낌도 같이 있을 수 있는 거예요. 그래서 자기를 잘 돌보면, 즉 자기와의 관계를 좋게 하면, 다른 가족과의 관계도 좋아질 수 있어요.

오늘 정말 많은 것을 깨닫네요. 허리디스크가 감사해지네요. 저를 살려준다는 생각이 들어요. 실타래가 정신없이 엉켜있었는데, 하나씩 풀어지는 느낌이 예요. 정말 감사합니다.

당신이 공감을 못하는
진짜 이유

재성씨는 아내와 소통이 어려워 애를 먹고 있었다. 특히, 공감하려고 열심히 노력하는데도 늘 못한다는 핀잔에 주눅 드는 일이 잦았다. "당신또 그런다. 내가 지금 그 말을 하는 게 아니잖아? A를 말하고 있는데 왜 B를 말하냐고?" 과거에는 아내의 말에 반박했었다. 지금은 아내의 말이 무슨 뜻인지 안다. 그래서 "아, 미안해 내가 또 그랬네."하고 사과했다. 그런데 아내는 "그걸 왜 몰라? 지금 20년째 잘못했다고 그러는데 안 고쳐지는 것을 보면, 당신이 변할 의사가 있는지 의심스러워!"하며 따졌다. 아내의 뼈 때리는 충고에 섭섭했지만, 맞는 말이란 생각에 할 말이 없었다.

재성씨는 힘든 감정과 만날 수 있는 맷집이 필요했다. 짜증, 화, 걱정, 불안, 답답함 같은 힘든 감정을 만나고 느낄 수 있는 힘이 필요한 것이다. 그는 이러한 감정들을 나쁜 감정이라고 생각하고 있었다. 감정을 있는 그대로 느끼는 것에 저항하며 바꾸려고 하고 있었다.

"맞아요. 그런데 부정적 감정들이 나쁜 것 아닌가요?"

"그럴 수 있어요. 그런데 본질적으로 감정은 좋고 나쁨이 없어요. 다나름의 목적이 있어요. 감정이 전하는 어떤 메시지가 있는 거죠. 예를 들어, 걱정이 좋은 것은 뭘까요? 걱정하기 때문에 미래를 준비할 수 있잖아요? 짜증이나 화도 꼭 나쁜 것은 아니에요. 짜증과 화가 있으니까 나에게 중요한 욕구가 좌절됐구나 하고 알 수 있잖아요."

"그러네요. 어쨌든 좋은 의도가 있는 거네요."

"그렇죠. 그리고 재성님은 지금 다른 사람의 감정을 책임지려고 하는 것 같아요. 어떻게 생각해요?"

"네, 맞아요."

"어떻게 생각하세요? 그럴 수 있을까요? 우리는 다른 사람의 감정을 책임질 수 없어요. 공감은 그저 함께 있는 거예요. 그것만 해도 괜찮아요. 그런데 책임지려고 하면 무리가 생겨요. 그래서 다른 사람의 감정을 공감하려고 하지 않고 바꿔주려고 해요. 감정을 만나주지 못하고 자꾸 해결책을 제시해주려고 하는 거예요."

"네, 어떻게 아셨어요? 제 아내가 맨 날 제게 하는 말이 그 말이에요. 왜 요청하지도 않는 답을 주려고 하냐고 늘 면박을 줘요." 그는 멋쩍게 웃으며 대답했다.

"그러게요. 답을 주지 않아도 괜찮은데. 왜 그럴까요? 재성씨 안에 걱정하는 아이가 있잖아요. 얘는 걱정을 붙들고 살아요. 어린 시절 엄마가 걱정하는 모습을 보면서 하늘이 무너질 것 같은 두려움과 걱정이 들었잖아요? 그래서 엄마의 걱정을 해결해 줘야겠다는 결심을 했죠? 그 아이가. 그리고 자기는 걱정하는 것을 드러내면 안 돼요. 왜냐하면, 엄마가 더 걱정하니까. 얼마나 슬퍼요. 운명이 참 슬프죠? 그 아이가 몇 살 같아요?"

"6살 아이가 딱 그 심정으로 있어요. 참 안쓰러워요." 그는 슬픈 표정을 하면서 대답했다.

"그 아이의 인생이 참 슬픈 것 같네요. 물론 잘했어요. 걱정해서 부모님의 걱정을 덜어드리고, 그래서 모범생으로, 부모님이 자랑스러워하는 아들로 역할을 충분히 잘했잖아요?"

"이제는 그렇게 안 하고 싶어요. 이젠 너무 힘들어요."

"그동안 많이 힘들었죠. 자기 욕구를 많이 희생해 온 것 같아요. '내가 원하는 것을 하면 안 돼!' '내가 원하는 것이 나오면 안 돼!' 하면서 말이죠. 왜냐하면, 부모의 욕구가 우선이었으니까요. 내가 놀고 싶고, 쉬고 싶고, 혹은 울고 싶고, 짜증 내고 싶은 욕구가 나오면 곤란하잖아요? 그래서 어떻게 하냐면 그 감정과 욕구를 억누르는 거예요. 회피하는 겁니다. 자신도 없는 척하고 안 봐요. 왜냐하면, 봐봤자 해결할 수 없잖아요. 오히려 가족의 평화를 깨뜨릴 수 있는 위험이 있잖아요? 그렇게 자기감정을 만나왔어요. 자기 안에 부정적인 감정을 만나지 못하고 누르면서 지내 온 거예요. 그런데 어떻게 다른 사람의 부정적인 감정을 만나 줄 수 있겠어요?"

"그래요. 6살 이후로 제 삶은 없다고 생각했어요. 미국 유학 시절이 가장 좋았던 것 같아요. 혼자였고, 자유로웠어요. 그런데 딱 거기까지였어요. 결혼하고 나서는 이제 아내와 아들의 감정을 책임져요. 열심히 하는데도 늘 부족하다는 자책이 따라다녀요. 제 역량이 이것밖에 안 된다는 생각에 너무 힘들어요."

"그러게요. 많이 외롭고 힘들었겠어요. 억울하고."

"네, 억울한 게 많아요. 아내가 늘 그렇게 말해요. 당신은 뭐가 그렇게 억울하게 많냐고. 그런데 할 말이 별로 없어요. 맞으니까요. 왜 그렇게 제가 억울한 게 많은지."

"그래요. 억울한 게 많죠. 6살 아들이 자기가 원하는 것 감추고, 아빠와 엄마 걱정하면서 자기 인생을 포기하겠다고 말하면, 그 아들에게 어떤 말을 해주고 싶으세요?"

"말이 안 되죠. 한심하고, '너나 잘해라! 네 삶이나 잘 살아라. 걱정하지 말고, 하고 싶은 것 다 하고, 놀고 싶은 것 다 놀면서 자유롭게 살아라.'라고 말하고 싶죠."

"그렇죠? 그런데 자신에게는 어떻게 하고 살아오셨어요? 지금도 자신에게 너무 모질게 대하고 있는 것 같아요. 여전히 재성님 안의 작은 아이는 너무도 억울한 것 같아요. 왜냐하면, 하고 싶은 대로 못하고 사니까."

"지금도 제가 마음대로 할 수 있는 게 별로 없어요."

"그러게요. 물론 다 그렇게 할 수 없죠. 너무 억울한 인생처럼 들리네요. 6살에, 부모 걱정에 잠 못 들고, 인생은 끝났다고 생각하고, 내가 아닌 가족의 역할로서, 학교에서는 선생님들이 좋아하는 모범생의 역할로서, 직장에서는 좋은 직원으로, 팀장으로서, 좋은 남편, 아빠로서. 역할은 많은데 나가 없어요. 그런데 역할을 포기할 수는 없어요. 또 역할에 대한 기대가 매우 높은 것 같아요. 제대로 하지 않으면 자신도 만족이 안 돼요. 어떤 역할은 잘해요. 재능도 있고, 그동안 쌓인 내공도 많고. 그런데 아빠의 역할, 남편의 역할. 이것은 마치 아킬레스건 같아요. 오른손잡이에게 왼손으로 칼을 쥐고 싸우라고 하는 것처럼 말이죠. 그래도 나름 열심히 하려고 하지만, 성과는 나오지 않아요. 그것을 가지고 또 자학해요. 자신을 한심하다고 자책하면서 애를 써보지만 나아지지 않는 것 같네요."

"그러게요. 제 심정을 너무 잘 표현해주시네요. 제가 딱 그러고 있어요. 어떻게 하면 좋을까요?" 그는 오히려 체념한 듯한 미소를 지으며 대답했다.

"잘 하시고 있는 거예요. 정말 잘 해왔어요. 저는 이제 행복한 인생 후반부를 위해 리모델링 하는 것 같아요. 지금까지 하드웨어를 구축했다면, 이제는 하드웨어를 갖고 더욱 행복한 인생을 살기 위한 소프트웨어를 재구축하는 시기처럼 보여요."

"그렇게 되면 정말 다행이죠. 정말 그렇게 될 수 있으면 좋겠어요."

"우리 안에는 감정의 병이 있어요. 10까지 차면 완전히 뚜껑 열리는 거예요. 폭발합니다. 지금 현재 눈금이 어디까지 차 있나요?"

"한 7, 8 정도 되는 것 같아요."

"그렇군요. 어떻게 하면 감정의 눈금을 내릴 수 있을까요?"

"다른 사람에게 내 이야기를 하는 것? 선생님을 만나 상담하면 눈금이 쑥 내려가요. 그러면 숨이 쉬어져요. 몇 주는 버틸 수 있는 것 같아요."

"그래요. 감정의 눈금을 내릴 수 있는 가장 좋은 방법은 내 이야기를 잘 들어주는 사람에게 힘든 마음을 이야기하는 거예요. 그러면 상대방이 내 이야기를 잘 경청해주고 공감해주면 감정의 눈금이 2, 3으로 쑥 내려갈 수 있어요. 공감이 그런 효과를 갖고 있어요. 눈금이 내려가요. 감정이 풀리는 거예요. 부인께서 재성님과 대화하려고 하는 첫 번째 욕구는 이거예요. 감정을 풀기 위한 거예요."

"아, 잠깐만요. 뭔가 감이 좀 오는 것 같아요. 맞아요. 답이 아니라, 그냥 만나고 싶다는 말을 자주 했어요. 내가 자기를 만나주지 않는다고 했는데, 저는 그 말이 무슨 말인지 당최 이해가 안 됐어요. 내가 자기를 만나고 있지 그럼 어디 다른 데 가 있는 게 아니잖아요? 이제 아내가 원하는 것이 뭔지 느낌이 좀 오네요."

"그거예요. 느낌이 중요해요. 함께 있어도 마음을 만나주지 않으면 그 사람을 만나는 것이 아닐 수 있어요. 말하면서 마음이 외롭고 공허해져요. 마치 벽을 보고 이야기하는 것 같은 느낌이 들어요."

"맞아요. 제 아내가 항상 하던 말이 그 말이에요. 저 보고 벽 같대요."

"그런가요? 아마도 재성님만 겪는 문제가 아니기 때문일 거예요. 많은 부부, 부모 자식, 연인들이 비슷한 고민을 하고 있어요. 이들이 서로 노력을 안 하는 것은 아녜요. 잘 만나기 위해, 소통하기 위해, 관계를 좋게 하기 위해 노력을 정말 많이 하죠. 그런데 상대를 이해하지 못하면 노력하면 할수록 관계가 멀어지고, 서로에 대한 불신만 확인하게 되는 경우도 많아요."

"다른 사람도 그렇다고 하니 조금 안심이 되네요. 저만 문제가 있는 것 아니죠?"

"당연하죠. 재성님은 아주 잘해오고 계세요. 지금은 더 잘하기 위해서, 그간의 노력이 보상받기 위해 전략을 수정하고 방법을 학습하는 과정이라고 생각하면 좋겠어요."

"잘 해왔다는 말이 인정은 안 되지만 알아주시는 것 같아서 고맙네요. 방법을 배울 수 있다는 것도 기대됩니다."

"감정의 병에 대해 좀 더 이야기해보죠. 아내는 예를 들어 감정의 눈금이 8, 9 이 정도에서 재성님과 대화를 하는 거예요. 그럼 내가 그 감정을 받아줄 수 있어야 하잖아요? 그런데 내 감정의 눈금도 7, 8 이래요. 어떻게 될까요? 받아줄 수 없게 되는 거예요. 남편 역할을 잘하려고 하니까, '내가 받아줘야지' 의도는 낼 수 있어요. 그런데 속마음은 어때요? '내가 더 힘들어. 나도 억울해. 짜증이나. 나도 당신에게 섭섭하고 화나! 왜 나한테만 뭐라고 하냐고?' 이런 감정들이 있으니까 공감을 하기 어려운 거예요. 그리고 감정을 못 만나고 자꾸 엉뚱한 소리를 하는 거예요. 엉뚱한 소리는 다른 게 아니라 논리적으로 분석해서 해결책을 찾고 그것을 가지고 충고나 조언하는 거예요. 그러면 부인은 말 그대로 뚜껑이 열려요."

"와, 그렇군요. '감정의 병'으로 설명해주시니까 이해가 확 되네요. 제가 엉뚱한 짓을 했다는 생각이 드네요. 아내가 참 답답했겠다는 생각도 들어요."

"아내도 답답하고, 재성님도 답답하고. 그렇죠? 자기 공감을 평소에 자주 해주시면 좋아요. 재성님 내면의 걱정이는 자기감정을 불편해해요. 그런데 괜찮아요. 이제는 만나줄 수 있어야 해요. '나 화났다. 이유는~', '나 섭섭하다. 이유는~' 이런 식으로 감정들을 만나면 자기감정을 풀어낼 수 있을 뿐 아니라, 자기에 대해 몰랐던 사실들을 많이 알게 돼요. 그리고 자기감정을 더 깊이 만나는 것만큼 부인의 감정을 깊이 만나고 공감해줄 수 있을 거예요."

"아. 그러네요. 감정 일기를 써봐야겠다는 생각이 드네요. 매일 조금씩이라도. 그동안 바빠서 못했다고 생각했는데, 지금 보니까 제 감정을 만나는 것을 계속 회피해 왔다는 생각이 듭니다. 그러면서 아내의 감정을 공감한다는 것은 정말 어불성설이었네요."

"네, 아주 좋은 생각이네요. 감정 일기. 하루 동안 있었던 감정 단어를 적어보고, 그중에서 가장 핵심이 되는 감정 한두 단어를 선택해서, 그 감정의 이유가 뭔지를 적어보면 좋겠네요. 정말 도움이 많이 될 것 같아요. 이제 감정을 감정 그대로 느껴보는 연습을 좀 해보도록 하죠. 감정은 사실 몸의 감각입니다. 예를 들어 화가 날 때 어떤가요? 부인과 대화 도중 화가 나는 상황을 떠올려 보세요."

"얼굴이 화끈거리는데요. 목덜미가 뻣뻣하고 아파요. 가슴도 답답해지고."

"그렇죠? 감정은 몸의 반응과 함께 와요. 그 감각을 있는 그대로 느껴보세요. 바꾸거나 저항하지 마시고, 감각 그대로를 경험해 보는 겁니다." 나는 잠시 감각을 있는 그대로 느낄 수 있는 시간을 주었다. "지금 느낌은 좀 어떠세요?"

"화끈거리는 게 내려갔어요. 여전히 목덜미는 좀 뻣뻣한데 아까보다는 훨씬 난데요."

"그렇군요. 이제는 불안의 감정을 한번 느껴볼까요? 불안한 상황을 상상해 보세요. 그리고 몸에서 어떤 감각이 느껴지는지 살펴보세요."

"어깨가 굳어져요. 팔다리에 힘이 들어가요. 심장이 두근거리고, 목덜미에 소름이 돋아요."

"그러네요. 불안이 몸의 여기저기에서 나타나고 있네요. 호흡을 내쉬면서 부드럽게 이완해보세요. 그리고 그 감각, 감각을 지탱하고 있는 에너지가 흘러간다는 하는 느낌으로 감각으로 놓아봅니다. 좀 어떠신가요?"

"몸이 아주 편해지네요. 사실 제가 긴장을 정말 많이 합니다. 얼마 전까지는 그것도 잘 몰랐어요. 선생님과 상담하면서 그것을 알았어요. 심하면 온몸이 뻣뻣하게 굳어요. 밤에 자다가 다리에 쥐가 나는 경우도 많이 있었어요. 지금은 상담받기 전보다는 많이 좋아졌는데, 여전히 긴장을 많이 하고 있다는 생각이 드네요."

"그래요. 괜찮아요. 긴장을 많이 하는 아이는 어떤 아인가요?"

"제 안에 '겁 많은 아이'가 있어요."

"그렇군요. 겁 많은 아이가 있으니까, 얘가 그렇게 걱정을 많이 한 것 같네요. 겁쟁이는 두려움을 많이 갖고 있는데, 그 두려움은 사실 환상이에요. 예를 들어, 엄마가 아빠가 돈을 못 벌어 와서 걱정이라며 하소연을 아이에게 했어요. 물론 큰 걱정일 수 있죠. 그런데 엄마는 자기 걱정과 고민을 스스로 해결할 수 없으니, 나이 어린 아들에게라도 말하면서 해소하는 겁니다. 그런데 아이 입장에서는 정말 하늘이 무너질 것 같은 걱정이 드는 거예요. 온갖 두려운 상상을 하죠. 물론 그렇기 때문에 열심히 살면서 극복해 왔어요. 그런데 지금 생각해 보면 어떠세요?"

"그렇게까지 안 해도 괜찮았죠. 너무 힘들게 살았어요."

사실 걱정은 필요한 정도만 하면 된다. 중요한 것은 지금 내가 할 수 있는 일을 그냥 하는 것이다. 그런데 내면에 걱정하는 아이가 크게 자리하고 있으면 그것이 어렵다. 상상하는 것이 마치 현실이 될 것 같은 기분에 사로잡힌다. 걱정을 많이 하느라 에너지를 소진해 실제 필요한 행동을 하는 데 쓸 수 있는 에너지가 부족해진다. 그는 미래에 대한 지나친 걱정으로 항상 긴장하며 살고 있었다. 그런데 걱정이 없으면 '이래도 되나?' 하는 불안감이 찾아왔다. 마치 전쟁터에서 일시적인 휴전이 평화로움도 주지만 곧 다가올 치열한 전투를 암시하듯, 걱정 없는 편안한 마음 상태를 불안함으로 인식하고 있었다.

"이제 걱정을 하지 말아야겠다는 생각이 드네요. 참 슬프게 살아왔다는 생각이 듭니다." 그는 한숨을 내쉬며 자신의 살아온 삶을 잠시 회상했다.

"그러게요. 괜찮아요. 아이는 잘 살아왔어요. 얼마나 대견해요. 그 와중에 여기까지 왔잖아요? 그런데 걱정하는 것도 일종의 습관이에요. 긴장하는 것도 습관입니다. 관성이 붙어서, 걱정하고 긴장하지 않으면 뭔가 불편하고 어색한 거예요. 그래서 자꾸 걱정거리를 찾아다닐 수 있어요. 방법은 그것을 안 하는 거예요. 자꾸 몸을 느껴보세요. 지금 내 감정이 어떻지? 생각날 때마다 질문해보세요. 그리고 몸을 느껴보시는 거예요. 지금처럼, 감각을 있는 그대로 느껴보고, 그리고 호흡과 함께 이완해보시는 거예요."

"제가 무엇을 어떻게 해야 할지 명료해지네요. 빨리해보고 싶은 마음이 듭니다. 진짜 뭔가 좋은 변화가 올 것 같은 기대가 드네요."

"저도 기대가 됩니다. 그리고 이제 걱정이에게 말해주세요. '네가 해결하지 않아도 괜찮아!'라고 말이죠."

"그러게요. 해결하지 않아도 괜찮은데 왜 자꾸 해결하려고 하는지."

"그러게요. 잘 알아야 할 것이 있어요. 이것은 해결할 수 없는 문제예요. 어떤 생각이 드세요?"

"맞아요. 관계의 문제는 답이 없어요."

"그렇죠? 답이 없어요. 답이 있다고 해도, 그 맥락에서만 일시적인 답이에요. 오늘 그것이 답이라고 내일도 답이라는 법이 없잖아요. 그리고 나의 답과 다른 사람의 답이 다를 수 있어요. 한마디로 답이 없어요. 답이 없다는 말은 해결할 필요가 없다는 말입니다. 이것은 말 그대로예요. 해결할 필요가 없어요. 혹시 어떤 느낌이 드세요?"

"뭔가 해방감이 느껴지는데요. 뭔가 저를 묶고 있던 족쇄가 풀려나가는 것 같아요."

"그거예요. 해결할 수 없어요. 그러면 해결해야 한다는 책임도 없는 거예요. 지금까지는 해결할 수 없는 문제를 갖고 해결하려고 하니까 문제가 더 커진 거예요. 이것을 확실하게 알면 자유가 생겨요. 여유가 생깁니다. 그러면 부인과 아들과의 대화가 어떻게 될 것 같아요?"

"재미있어질 것 같아요. 부담이 확 없어지네요."

"그렇죠? 아내를 역할로 만나지 마세요. 내가 자유롭고 여유가 생기면, 아내에게 진짜 사랑을 줄 수 있어요. 관심을 줄 수 있어요. 진정한 만남이 일어나요. 대화가 유쾌해져요."

"아내가 제게 매일 한 말이 그거였어요. 자기를 만나달라고, 나하고 대화하면 오히려 더 무겁고 힘들어진다고, 왜 그렇게 걱정이 많냐고, 왜 항상 엉뚱한 소리 하냐고, 대화할 때 정신이 어디 가냐고. 그리고 외롭다고, 답답하다고, 이혼하고 싶다고. 그런데 아내가 왜 그렇게 말했는지, 아내의 심정이 어땠는지 이제야 알 것 같네요." 말은 하는 그의 눈가에 눈물이 촉촉하게 젖어 들고 있었다.

"괜찮아요. 정말 애쓰셨어요. 재성님은 정말 좋은 남편이에요. 훌륭한 아빠예요. 이제 재밌는 남편이 되실 것 같아요. 말하고 싶고, 보고 싶고, 만나면 반갑고, 대화하고 나면 속이 후련해지고, 행복한 느낌이 드는…"

관계를 나를 보여준다. 자기를 이해하는 깊이만큼 상대를 만날 수 있다. 사랑에 관한 생각이 비워지면 진짜 사랑을 경험할 수 있다. 상대에 대한 참된 이해가 생기는 지점에서 사랑은 하나로 소통된다. 자기 안에 가장 근사한 것을 상대를 통해 만나게 된다.

관계 변화를 위해서
필요한 것들

성호씨의 아들은 고착마인드셋Fixed Mindset이 강했다. 고착마인드셋이 강한 사람은 역량과 재능이 고정되어 있다고 믿는다. 노력해도 발전하기 어렵다고 믿기에 노력하는 것을 싫어한다. 실패에 대한 두려움이 커서 실패할 수 있는 가능성이 큰 과제와 도전을 회피한다.

자신의 마인드셋을 합리화하기 위해 아들은 비난할 대상을 찾았다. 세상을 비난하며 자기 행동을 정당화했다. 학교는 경쟁이 지나치게 치열하고, 상위권 학생들을 위해 다수가 희생하는 구조라고 생각했다. 주어진 상황에서 최선을 다하기보다는 회피하고 방어하고 변명했다. "나중에 할래요.", "시기를 많이 놓친 것 같아요.", "아직 준비가 안 됐어요.", "지금은 시간이 없어요." 그 이면에는 실패에 대한 두려움에 도전을 회피하려는 마음이 숨어 있었다. 아들은 평범한 것을 열등한 것으로 여겼다. 자신의 재능과 능력을 보잘것없다고 여기며 피해의식을 키웠다. 인생은 재미없고, 도전해봤자 결과가 뻔하다는 생각에 쉽게 포기했다.

성호씨는 그런 아들이 한심하게 보였다. 그는 아들을 인정하고 칭찬하는 것이 어려웠다고 했다. 잘하는 것은 당연하게 보였고, 부족한 것만 눈에 들어왔다. 그는 아들에게 '부족하다'는 현실을 알려주고 싶었다. 잘하는 사람들이 얼마나 많은지 남보다 뒤떨어지지 않기 위해 얼마나 많은 노력을 해야 하는지를 알려주고 싶었다고 했다. 그래야 치열한 경쟁 사회에 도태되지 않고 살아남을 수 있다고 믿었기 때문이었다.

아빠의 충고를 들으며 자란 아들은 세상에 대한 불안과 두려움을 키웠다. "나는 부족하고 한심하다"는 자기에 대한 열등감을 키웠다. 아빠의 두려움은 아들의 두려움이 되었다.

아들의 문제는 부부 갈등으로 번졌다. 아내는 유복하게 자랐고 낙천적인 사람이었다. 아내는 지나치게 분석적이고 부정적이라고 남편을 비난했다. 아내는 남편을 부정적이라고 봤지만, 남편은 자기가 합리적이라고 생각했다. 남편은 걱정을 별로 하지 않는 아내가 철없다고 생각했다. 남편은 더욱더 철저하게 의심하고 분석해야 했다고 했다. 아내를 믿고 내맡길 수 없었기 때문이었다.

성호씨의 내면에는 '걱정하는 아이'가 있었다. 그는 걱정을 해소하기 위해 치열하게 노력하며 삶을 개척해왔다고 했다. 삶은 점점 나아졌고, 부모님은 그런 성호씨를 자랑스러워했다고 했다. 그런데 아내는 달랐다. 걱정하고 노력하는데 그것을 알아주지 않았다. 오히려 답답하고, 미덥지 못하다고 비난했다. 대화하면 말다툼이 되니, 대화를 피했다. 갈등이 생기면 일단 미안하다고 하고, 갈등을 무마했다. 그러나 속마음은 서

운하고 억울하고 답답했다고 했다.

"당신이랑 있으면 답답해, 숨 막혀!"
"당신 이야기만 하지 말고 내 말 좀 들으라고!"
"당신은 이기적이고 자기만 생각해!"

그는 아내의 말을 이해할 수 없었다. 아내가 충동적이고 감정적이라고 생각했다. 자기의 방식으로 아내에게 인정받겠다는 오기가 생겼다고 했다. 아내가 비난할수록 더욱더 자신의 대처방식을 방어하고 강화했다. 아내는 남편을 포기했고, 남편은 그런 아내를 이해할 수 없었다. 아내는 남편을 부정적이라고 비난했고, 남편은 자기가 신중하고 합리적이라고 생각했다. 아내는 남편이 걱정이 많아 자기까지 불안하게 한다고 불평했다. 남편은 아내가 철이 없고 생각이 없어 더 걱정하게 만든다고 불평했다.

성호씨 안에는 '걱정하는 아이'와 함께 그런 나를 알아주지 않는 '억울한 아이'가 있었다. 또한, 자기는 문제를 해결하는 사람이라고 '우쭐 해하는 아이'도 있었다. 역설적으로 자신이 좋은 아이가 되기 위해서는 걱정거리가 있어야 했다. 그의 내면에는 상황을 부정적으로 인식하며 걱정거리를 찾아다니는 작은 아이가 살고 있었다. 걱정거리를 힘들어하면서 걱정에 자기 존재를 의존하는 모순된 자아가 있었다. 학교와 회사에서는 걱정하는 아이를 통해 유능해질 수 있었다. 그러나 가족 관계에서는 갈등의 원인이 되고 있었다.

자기의 감정과 욕구를 먼저 공감하고 해소한다.

반복적으로 발생하는 갈등 상황엔 내면 아이의 결핍과 욕구가 숨어 있는 경우가 많다. 이것을 해결하지 않으면 비슷한 고통과 갈등이 반복되곤 한다. 원인을 해결하지 않은 채 겉으로 드러난 증상을 치료하는 것은 일시적인 미봉책에 불과할 뿐이다.

"다시는 화를 내지 않을 거야", "말을 하고 싶어도 끝까지 참고 들어줘야지"라고 결심하지만, 어느 순간 하지 않겠다고 결심한 말과 행동이 튀어나오곤 한다. 그리고 나면, "넌 의지가 약하고 형편없어, 더 노력해야 해." 하는 후회와 자기 비난을 하곤 한다. 답답함과 억울함, 분노를 참는 의지력은 한정되어 있기 때문이다.

걱정하는 마음에는 안전에 대한 욕구뿐 아니라 문제를 해결해서 인정받고 싶은 욕구가 숨어 있다. 걱정하는 마음에 공감해주고, 인정받고 싶어 하는 욕구를 알아주면, 문제 해결에 집착해 판단하고 충고하려는 충동을 다스릴 수 있다.

걱정이 올라올 때, 이를 알아차리고, 자기 공감을 해준다. "네가 걱정하는구나, 아내와 아들의 문제를 해결해주고 싶은데, 어떻게 해야 할지 막막해서 불안해하는구나"하고 걱정하는 마음을 알아주는 것이다. "문제를 잘 해결해주고 싶구나!", "좋은 남편, 좋은 아빠로서 역할을 잘하고 싶구나!", "가족을 안전하게 보호해주고 싶구나!", "내가 유능한 사람이란 것을 확인받고 싶구나!"하고 문제를 해결하고 인정받고 싶은 마음을 알아주는 것이다. 감정과 욕구를 충분하게 알아주고 공감해주면, 답답한 가슴이 풀린다. 상대의 마음과 만날 수 있는 여유와 공간을 회복할 수 있다.

해결하려는 욕구를 내려놓고 상대의 마음에 진심으로 경청한다.

아내가 짜증 내는 것은 문제를 해결해달라는 것이 아니라, 그저 답답한 마음을 알아달라는 욕구의 표현일 수 있다. 이때는 문제를 해결해주려는 선의가 갈등의 주요 원인이 된다. 그래서 문제 해결의 충동을 내려놓고 마음을 만나고 공감하려는 태도로 대화방식을 변경해야 한다.

아내의 불평과 고민을 들으면 남편 안의 걱정과 불안이 자동으로 올라온다. 걱정과 불안은 문제를 해결하려는 충동을 일으킨다. 원인을 분석하고 해결책을 제시하려는 사고 기능이 저절로 작동되며 문제 해결 모드에 빠진다. 문제의 원인을 찾아내어, 논리적으로 설명하면 해결할 수 있다고 믿고 충고하고 조언하면서 아내의 답답함을 가중하는 것이다.

자기 공감은 자기 내면의 복잡하고 혼란스러운 감정과 욕구를 내려놓을 수 있는 심리적 안정감을 제공한다. 상대의 감정과 욕구를 공감할 수 있는 마음의 여유를 만들어준다.

'상대는 어떤 고민이 있는가?'

'상대는 어떤 심정일까?'

'그러한 감정을 느끼는 이유는 무엇인가?'

'상대가 정말 원하는 것은 무엇인가?'

'나의 어떤 말과 행동이 도움이 될까?'

질문은 자기 생각에 집착된 주의를 환기해, 아내의 말과 마음에 집중할 수 있게 해준다. 대화가 자기중심에서 상대 중심으로 이동한다. 상대의 마음과 만나며 막혔던 소통이 원활하게 흐르기 시작한다.

"당신 답답하겠다. 당신이 하는 말을 내가 안 듣고 있어서 답답하다는 거지?"

"맞아, 맨날 같은 말을 계속했는데, 한마디도 듣지 않잖아!"

"똑같은 말을 계속했지만, 나는 여전히 내 말만 하고 있어서 많이 답답했구나."

"그래 바로 그거야! 당신은 항상 나를 무시했어!"

"내가 당신의 말을 듣지 않고 무시해서 많이 속상하고 화났겠네."

"그리고 당신이 걱정을 많이 해서 너무 답답해, 괜히 나까지 불안해져!"

"내가 걱정을 많이 해서 당신도 괜히 마음이 불안하고 걱정이 많아진다는 거지?"

"그래, 바로 그거야! 이제 내 말을 좀 들어주는 것 같네!"

"그렇구나, 그동안 내가 당신 말을 정말 안 들어준 것 같아. 정말 미안해. 그동안 참느라고 많이 힘들었겠다. 내가 어떻게 해주면 좋겠어?"

생각을 부정하면 상대에 대한 미움과 원망이 생긴다. 상처받았다는 생각은 복수하고 싶은 마음을 부른다. "당신은 나를 무시해!", "자기만 생각하는 못된 사람이야."하고 상대를 비난하고 공격하게 된다. 생각을 읽어주고 인정해주면 짜증과 원망은 누그러진다. 속상하고 상처받은 감정과 욕구를 인정하고 존중해주면 마음은 온유한 본성을 회복한다. 자기 마음이 존중받은 것만큼 상대의 마음을 존중할 수 있는 여유와 공간이 생긴다. 상대를 바꾸려는 충동과 비난하는 생각은 줄어든다. 상대를 존중하며 해결책을 함께 찾아가는 성장의 대화로 이동한다.

- • 당신 안에 잠들어 있는 가능성의 아이
- • 나에게 딱 맞는 목표 발견하기
- • 나쁜 습관에서 벗어나는 비밀
- • 좋은 습관을 만드는 아주 작은 행동
- • 변화를 아주 쉽게 만드는 내려놓기
- • 꿈을 현실로 만드는 감정 다루기
- • 일상을 기적으로 만드는 마음의 시크릿

나쁜 습관에서
벗어나는 비밀

당신 안에 잠들어 있는
가능성의 아이

상처받은 내면 아이는 부모의 사랑과 인정을 충분히 받지 못해 무의식 깊은 곳에 숨어 있는 우리의 그림자다. 상처받은 내면 아이를 치유하면 삶의 관점이 크게 달라진다. 자신의 감정을 온전히 받아들이고 책임질 줄 알게 된다. 다른 사람을 공감하고 수용할 수 있는 마음이 넓어진다.

상처를 긍정적인 태도로 성급하게 덮으려는 사람이 있다. 그러나 우리의 마음은 정직하다. 상처를 자극하는 상황과 조건을 만나면, 덮인 상처는 바로 의식으로 올라오며, 고통스러운 과거의 상처를 재현한다. 상처를 대면하기 위해서는 용기가 필요하다. 또한, 안전하게 대면할 수 있는 지혜와 방법이 필요하다. 상처가 치유되면, 원래 있던 긍정성이 드러난다. 태양을 가리던 구름이 걷히듯, 타고난 순수한 본성이 빛나게 된다. 잠자는 가능성의 아이가 깨어난다.

잠든 가능성의 아이를 깨우는 과정은 '자각', '이해', '대면', '수용', '발견'이라는 다섯 단계를 거치게 된다.

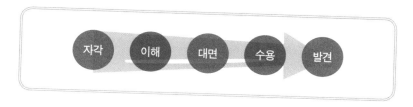

자각

자각은 고통의 원인이 자기에게 있다는 것을 아는 것이다. 어떤 사람은 회사가 재정압박에 시달리자 열차에 뛰어들어 자살했다. 그러나 그의 자산은 여전히 9조가 넘게 있었다. 독일의 손꼽히던 자산가 아돌프 메르클레의 이야기다. 자신이 가지고 있는 것을 보지 못하고, 잃어버린 것에 집중한 결과 그 상실감과 고통을 참을 수 없었던 것이다. 어떤 사람은 팔다리가 전혀 없어도 행복하다고 말한다. 오히려 그러한 장애 덕분으로 누구보다 멋지고 행복한 삶을 살게 되었다고 말한다. 호주의 저명한 작가이자 강사 닉부이치이의 이야기다. 일어난 상황도 중요하지만, 그 상황에 반응하는 마음이 다른 결과를 가져온다.

고통의 원인이 외부에 있다고 믿으면 외부의 조건과 상황을 바꾸려고만 하게 될 것이다. 그러나 어떤 문제들은 바꾸기 불가능한 것들이 있다. 특히 인간관계의 갈등은 상대를 내 맘대로 할 수 없다는 진실이 숨어 있다. 오히려 바꾸려고 하는 태도, 바꿀 수 있다는 생각이 관계갈등의 가장 큰 원인이 되곤 한다. 세상일도 그렇다. 원하는 대로만 세상일은 돌아가지 않는다. 원하는 것이 이뤄지기 위해서는, 상황과 조건이 맞아야 한다. 조건을 제대로 갖추고 있을 때, 적합한 상황이 오면,

그것이 맞아떨어져 일어날 일이 일어난다. 이것을 모르면 기대와 현실 사이의 간극 때문에 늘 실망하고 좌절하는 고통을 겪을 수밖에 없을 것이다.

자각은 이것을 분명하게 아는 것이다. 엉뚱한 곳에서 문제를 해결하려고 하는 집착을 버리고, 문제를 해결할 수 있는 곳에서 문제를 다루는 분별력을 갖는 것이다. 어떤 문제는 문제를 해결할 수 없다는 사실을 깨닫는 것만으로도 큰 해방감이 찾아온다. 해결할 수 없다는 것을 확실하게 알면, 현실을 받아들일 수 있게 된다. 마음이 만든 가상의 고통에서 놓여날 수 있게 된다.

이해

이해는 고통이 일어나는 원인을 인지적으로 더욱 확실하게 아는 것이다. 보영씨는 아이가 칭얼대면, 참기 힘든 분노가 올라왔다. 그래서 울지 못하게 혼내고, 야단치고, 윽박지르고 나면, 곧이어 후회와 자기혐오가 밀려왔다고 했다. 아이에게 미안하고, 자신이 나쁜 엄마인 것 같은 자괴감이 들었다고 했다. 어린 시절 부모에게 제대로 돌봄을 받지 못하고, 칭얼대지 못했던 상처가 아이와의 관계를 통해 재연되고 있던 것이었다.

제이씨는 상사를 보면 잘못한 것도 없는데 괜히 주눅이 들고, 어려워했다. 유능했지만, 상사와의 불편한 관계는 넘지 못한 벽처럼 느껴졌다. 좀 더 친밀한 관계를 맺으면서 지내고 싶었지만 기대와 다르게 마음은 불편했다고 했다. 자연스럽게 관계가 멀어지고, 사내 정치의 희생양이 되곤 했다고 했다. 어린 시절 엄격했던 아버지와의 관계를 상사와의 관계를 통해 반복하고 있었던 것이었다.

고통이 일어나는 본질적인 원인을 이해하고, 일과 인간관계의 상호작용을 이해하면 안개가 걷히듯 선명하게 문제의 윤곽이 드러난다. '아 그래서 그랬구나!' 하는 이해가 가슴 깊숙한 곳에서 일어난다. 문제 해결의 방향과 방법이 선명해진다.

대면

대면은 내면에 있는 상처받은 아이를 의식으로 끌어올려 직접 만나는 것이다. 한 번도 제대로 공감받지 못했고, 이해받지 못했던 내면아이의 상처를 내 안에서 존중하며 만나주는 것이다. 우리 안에는 화난 아이, 슬픈 아이, 속상한 아이, 불안한 아이, 두려워하는 아이, 위축된 아이, 투덜대는 아이, 질투하는 아이, 의심 많은 아이 등이 살고 있다. 내면아이는 자기만의 정당한 이유와 목적을 가지고 있다. 자기 안의 내면아이가 가진 생각을 들어주고, 감정을 공감해주고, 표현할 수 있도록 허용해주면, 내면아이의 상한 감정이 풀어진다. 그러면 내면아이가 가진 제한적이고, 부정적인 생각(잠재의식의 숨어 있는 신념)을 흘려보낼 수 있다. 새로운 맥락과 상황에 적합한 생각으로 사고 전환이 일어난다.

수용

내면아이와의 진정성 있는 대면은 수용으로 이어진다. 수용은 있는 그대로의 자기를 받아들이는 마음이다. 좋은 모습의 자기뿐 아니라 회피하고 숨기고 싶은 자기를 존재 그대로 받아들이는 것이다. '내 안의 못난 아이, 열등한 아이, 상처받은 아이'를 있는 그대로 받아들이는 것이다. 우리는 상처 받은 내면아이를 거부하고, 억압하고, 숨기느라 엄청난 에너지를 소진한다. 이제 그 아이들을 허용하고 환영하며 나의 일부로 받아들이면, 분열된 자아가 더 큰 나의 안정감 속에서 통합되기 시작한다. '나는 부족해. 근데 그게 너무 싫고 숨기고 싶어.'하는 마음에서 '나는 부족해. 근데 괜찮아. 노력하면 잘 할 수 있어, 혹시 잘못해도 괜찮아. 내가 잘 할 수 있는 것을 찾을 수 있을 거야.' 하는 마음으로 인식이 전환된다. 이러한 전환은 자기 안에 잠자고 있는 가능성의 아이를 깨우는 힘으로 작용한다.

발견

마지막 단계는 발견이다. 발견은 나에게 없는 무언가를 밖에서 찾는 것이 아니다. 이미 자기 안에 있는 것을 재인식하는 것이다. 영어로 Discover의 어원은 덮여 있는 것을 치운다$^{dis-cover}$는 의미다. 상처로 덮여 있는 내면을 치유하면 원래 있는 가능성의 아이가 깨어난다. 칼 융은 "우리 모두 안에는 놀라운 아이가 잠들어 있다"고 했다. 깨어지기를 바라며 잠들어 있는 아이를 굳이 깨울 필요는 없다. 두터운 상처를 치유하면 놀라운 아이는 자연스럽게 잠에서 깨어나 우리 인격의 중요한 부분을 차지하게 된다. 그 아이는 자기 자신을 좋아하고 사랑한다. 남들이 뭐라고 해도, 자기 자신에 대한 낙관성을 유지한다. 배움과 성장을 즐기며 원하는 삶을 멋지게 살아간다. 가능성의 아이는 세상을 호의를 갖고 바라본다. 세상 속으로 나아가 무언가 의미 있고 값진 일을 벌이고 싶어 한다.

'자각', '이해', '대면', '수용', '발견'은 과거에서 벗어나 새로운 미래를 열어가는 과정에서 일어나는 마음의 과정이다. 상처받은 내면 아이는 한 번에 치유되지 않는다. 한 단계 한 단계 성장해나가다 보면 또 다른 지점에서 마치 복병처럼 뜻하지 않은 상처를 하나둘 발견하게 된다. 그러나 그 과정은 기쁨의 과정이 될 수 있다. 몰랐던 자기를 만나고 이해하는 배움의 과정이기 때문이다.

나에게 딱 맞는
목표 발견하기

"당근과 채찍은 단순하고 반복적인 업무에서는 유용하다. 하지만 결과에 집착하게 해서 시야를 좁게 하기 때문에 창의성을 떨어뜨린다. 대신 내적 보상에 집중할 때 새로운 미래를 여는 창의적 사고가 가능하다"

- 다니엘 핑크

    신규 발령된 A 기업의 지점장과 코칭을 통해 만났다. 가뜩이나 매출이 안 나오는 지점이었는데, 믿을 만한 팀원이 없어 걱정이라고 했다. 어떻게든 성과를 내기 위해 아등바등하며 팀원들을 독려했지만, 생각만큼 팀원들은 잘 따라오지 않는다고 했다. 그는 무엇이 문제인지 혼란스러워했다. 마치 수렁에 빠진 듯, 앞이 보이지 않는 암담함에 마음이 무겁다고 했다.

    그는 일에 대한 열정이 많은 것처럼 보였다. 사람들을 좋아했고, 사람에 대한 신의를 지키는 것을 가장 중요한 가치로 생각한다고 했다. 팀원들의 잠재된 가능성을 키워주고 싶다고 말하는 그의 표정에서 팀원들에 대한 애정과 열의가 전해졌다. 그는 자기 능력에 대한 의심과 두려움이 있다고 했다. '내가 잘 해낼 수 있을까?', '지점장이란 직책에 어울리는 역할과 책임을 다 할 수 있을까?' 하는 의심이 든다고 했다. 한 지점을 책임진다는 중압감이 자기 능력에 대한 회의로 이어지는 것처럼 보였다. 그것은 그의 리더십에 바로 영향을 주고 있었다.

그는 팀원보다 자기 자신에게 더 관심이 쏠려 있었다. 자기가 잘하고 있다는 것을 팀원들의 성과로 확인받고 싶어 했다. 이러한 마음은 의심과 조급함을 불러일으켰다.

"열심히 하세요, 여러분을 믿습니다."

말은 이렇게 했지만, 그의 말투와 태도는 다른 메시지를 전달하고 있었다.

'여러분이 잘 할 수 있을지 의심스럽네요!'

'제대로 합시다. 이번에 성과가 안 좋으면 각오하세요!'

'여러분 때문에, 내가 불이익을 당하고 싶지 않아요!'

팀원들은 새로운 지점장 앞에서 침묵하며 동의하는 듯했지만, 뒤에서는 험담했다. 새로운 지점장이 상황 파악도 못하면서 자기들을 무시한다고 생각했다. 부당하게 자신들을 밀어붙이며, 통제한다고 생각했다. 지점장 역할을 제대로 못하고, 팀원들에게 휘둘린다는 말이 본사에 흘러 들어갔고, 그는 팀원들에 대한 배신감에 크게 흔들렸다고 했다.

"팀원들을 얼마나 신뢰하시나요?"

뜻밖에 질문에 그는 잠시 생각하고 대답했다.

"저는 팀원들을 충분히 신뢰하고 있다고 생각하는데요….."

"저도 그렇게 생각해요. 괜찮다면 한 번 더 같은 질문을 드리고 싶은데요, 괜찮을까요?"

나는 그의 동의를 얻고 같은 질문을 한 번 더 했다.

"팀원들을 정말로 신뢰하시나요?"

이번에 그는 대답을 주저했다.

…

"팀원들을 신뢰하지 못하고, 팀원들에게 어떤 영향을 줄 수 있을까요?"

…

"지점장님은 자기 자신을 얼마나 신뢰하시나요?"

…

쉽게 대답하기 어려운 질문에 그는 침묵했다. 자신에 대해 깊은 생각에 잠겼다.

"아, 제가 진짜로는 팀원들을 신뢰하지 못하고 있었다는 생각이 듭니다. 말은 잘할 거라고 했지만, 실제로는 못할 거라고 판단하고 의심하고 있었네요. 팀원들에게 갑자기 미안한 마음이 들어요. 팀원들이 뒤에서 반기를 드는 게 당연하다는 생각이 드네요. 제 능력에 대해서도 못 미더

위하고 불안해한 것 같습니다. 실제로 지점장을 정말 잘 해내고 싶은데, 제가 그럴 수 있을까 고민입니다.”

그는 팀원들이 정말 잘 해내기를 바랐고, 팀원들이 성장하기를 기대했다. 그 과정에서 자기도 성장할 수 있기를 원했다. 그러나 지점장이 된 것에 대한 부담감이 컸다. 사람들이 자기를 지점장의 기준으로 평가한다는 것에 대한 부담감이 어깨를 무겁게 한다고 했다. 그로 인해 새로운 역할을 잘 수행하기 위해서 다른 모습이 필요한 것처럼 자기를 몰아갔다.

그는 지점장에 걸맞은 새로운 이미지가 필요하다고 했다. 전략적으로 다른 사람에게 비치고 싶은 이미지를 찾고 싶다고 했다. 그 이미지에 자신을 맞춰야 한다고 했다. 팀원들에게 더 믿음직하고 강한 인상을 남겨, 그 힘으로 팀원들을 잘 이끌고 싶다고 했다. 그러나 자기의 성품과 맞지 않는 이미지 전략은 진정성을 상실하는 부작용을 낳았다. 팀원들의 마음을 움직이는 리더십을 회복하기 위해서는 자신을 되찾아야 했다. 이미지를 벗어버리고, 팀원들을 만날 수 있는 진정성이 요구됐다.

그는 자신에게 부여된 새로운 역할을 탁월하게 수행할 수 있는 충분한 역량과 장점을 이미 갖추고 있는 것처럼 보였다. 다만, 부족하다는 생각에 엉뚱한 곳에서 문제 해결의 열쇠를 찾고 있었다.

“저는 지점장님이 다른 사람이 되지 말고, 자기 자신이 되었으면 좋겠다는 생각이 듭니다. 어떻게 생각하세요? 이미, 충분한 역량을 갖고 있으시잖아요."

"정말 신기합니다. 최근 너무 힘들어 저를 잘 아는 선배에게 조언을 구하러 갔는데, 그 선배도 비슷한 얘기를 하셨어요. '그냥 너답게 하라'고 그땐 그 말의 의미가 정확하게 뭔지 감을 못 잡았었는데, 오늘은 좀 더 확실히 다가오는 것 같습니다."

"지점장님의 역량과 성품이 더 잘 드러날 수 있게 된다면 어떻게 될까요?"

"저는 정말 그것을 원해요! 팀원들이 제 진심을 알아줬으면 좋겠습니다."

자신의 진정성과 맞닿은 질문에 그는 갑자기 목소리와 눈빛이 바뀌며 활력이 생겼다.

"어떻게 하면 진심이 더 잘 드러날 수 있을까요?"

그는 자신이 무엇을 해야 할지가 분명해졌다. 자신에게 딱 맞는 목표의 발견은 물 흐르는 듯한 자발적인 행동으로 이어졌다.

그는 팀원들 한명 한명과 개별적인 면담을 했다. 팀원 개개인의 불만과 고충을 허심탄회하게 들어보는 시간을 가졌다. 진심으로 자신의 속마음을 이야기해주었다. 팀원에 대해 자기가 생각하는 기대와 잠재력을 알려주었다. 연말에 성과평가가 어떻게 이뤄지고, 실적이 결과에 어떤 영향을 미치는지 구체적으로 설명해주었다. 무엇을 할 수 있겠는가? 질문하고, 자신이 무엇을 도와줄 수 있는지 이야기해주었다. 무엇을 도와주면 좋겠는지? 질문하고 할 수 있는 것은 최대한 지원을 약속했다.

지점장의 진심이 전해지자 팀원들은 눈에 띄게 달라지기 시작했다. 결과는 몇 달 후 전국 2등의 실적으로 드러났다. 베스트 사례로 선정되어, 전국의 지점에 모범 사례로 소개되는 영광을 갖게 되었다. 자기에 대한 신뢰가 회복되고, 팀원들에 대한 신뢰가 회복되자, 그의 잠재력은 모두의 마음속에 녹아들어 뚜렷한 결과로 보여줬다.

우리는 같은 상황에서도 각자의 마음의 상태에 따라 다른 것을 경험한다. 마음의 필터로 세상을 해석하고 반응하기 때문이다. 그래서 마음의 상태가 바뀌면 그에 상응하여 다른 결과를 만들어 낸다. 환경과 다른 사람을 바꾸기 전에 자기 자신을 먼저 변화시켜야 하는 이유다.

두려움이 많은 리더는 항상 의심하고 확인한다. 불신을 전제로 사람들을 관리한다. 그래서 신뢰하기 어려운 사람만 주변에 두게 된다. 자신이 그렇게 보기 때문이다. 분노의 수준에 있는 리더는 두려움을 심어준다. 화내고, 처벌과 앙갚음을 통해 직원을 관리한다. 자신을 두려워하게 만들고, 조직을 두려움의 의식에 가둬버린다. 자존심이 강한 리더는 성과만을 위한 과도한 경쟁으로 조직을 몰아간다. 상대방을 질투해서 깎아내리고 자신을 과장하게 만든다. 눈치 보고, 침묵하고, 뒷말이 무성한 조직문화를 만든다.

사랑이 많은 리더는 신뢰를 기반으로 영향력을 발휘한다. 할 수 있다고 전제하고, 눈에 보이는 것보다 더 큰 잠재력이 있다고 믿어준다. 팀원들이 올바로 행동하고 도전하게 하는 용기를 부여한다. 다른 생각들을 존중하고, 장려한다. 다른 생각들이 모여, 더 나은 결과를 만들어 낼 수 있다고 믿기 때문이다.

나쁜 습관에서
벗어나는 비밀

고치려고 마음먹은 습관을 바꾸는 데 번번이 실패했다면, 잠재의식에서 원인을 찾아봐야 한다. 실패를 몇 번 반복했다면, 잠재의식은 그 실패에 익숙해진다. 다음번 시도에도 실패를 예상하고, 실패할 이유를 찾아서 실패하게 만든다. 잠재의식은 기존에 학습한 체계대로 반응하며 변화를 싫어하는 특성이 있기 때문이다.

만약, 잠재의식에 '성공'의 패턴이 심겨있다면, 그 사람의 잠재의식은 계속해서 성공을 따라가게 될 것이다. 잠재의식의 이러한 특성을 잘 이해한다면, 잠재의식을 활용해 나쁜 습관을 바꾸거나 좋은 습관을 길들일 수 있다. 잠재의식과 현재의식이 순조롭게 소통하며 긍정적으로 나를 변화시켜 나간다.

자기의 습관적인 행동을 바꾸는 것은 누구에게나 쉽지 않은 일이다. 운동하기, 책 읽기, 글쓰기, 아이들과 놀아주기, 중요한 것 먼저 하기, 명상하기, 외국어 공부하기 등. 더 나은 나를 만들기 위한 목록들은 끝없이 이어진다. 그러나 마치 계획을 세울 때의 나와 실행할 때와 나가 다른 것처럼, 실제 행동은 계획과 다른 행동을 하곤 한다.

우리의 행동을 통제하는 의지력은 조건화된 습관의 고리 앞에서는 무력해진다. 습관을 지배하는 잠재의식은 마치 파블로프의 개처럼 조건화 되어 있다. 밥을 줄 때마다 종을 울려주면, 나중에 종만 울려도 자동으로 침을 흘리듯, 특정한 조건에서 자동화된 행동을 하게 된다.

그러고 나면, '넌 그것도 못해?', '넌 의지가 약해서 안 돼!', '벌써 몇 번째니?' 하는 자기 비난의 목소리에 자책하기도 한다. 만약 계획했던 행동들을 꾸준하게 실행했다면, 지금의 나는 어떻게 달라졌을까? 많은 사람이 원하는 목표를 이룰 수 있는 행동과 반대로 행동하면서 목표를 이룰 수 있다고 기대하는 모순 속에 살고 있다.

우리는 잘못된 습관적 행동으로 죄책감을 느끼고, 이것을 통제하려는 악순환에 익숙해져 있다. 다이어트를 하다가 맛있는 통닭을 보면, 처음에는 참으며 욕구에 저항한다. 그러다 여러 생각이 떠오른다. '딱 한 번만 먹으면 되지, 뭐! 다음에 좀 더 운동해서 땀으로 빼면 되잖아?', '치킨은 살이 안 찐다! 살은 내가 찐다.' 유심히 살펴보면 말도 안 되는 이유지만, 마음은 어쨌든 합리적인 것처럼 보이는 이유를 만들어 낸다. 그러면 어느 순간 마음에 설득당한다. 이때 의식의 공간에서 다이어트를 하려는 나는 사라지고, 이 자리를 맛과 포만감을 기대하는 다른 나가 차지하게 된다. 먹고 나서 포만감이 들면, 이제 먹은 것을 즐긴 나는 의식의 배경으로 사라지고, 이 자리를 엄격한 통제자의 역할을 수행하는 또 다른 나가 대체한다. 통제자의 나는 통닭에 탐닉한 나를 꾸짖고 비난한다.

교류 분석의 창시자 에릭번은 우리 내면에는 '어린아이', '성인', '부모'의 자아가 함께 살아가고 있다고 말했다. 내면의 '어린아이', '성인', '부모'는 우리 내면에 존재하는 서로 다른 세 가지 목소리와 같다. 어린아이 자아는 충동적이며 욕구를 당장 이루고 싶은 갈망이 강하다. 성인자아는 이성적이고 합리적이며, 상황을 조율한다. 부모자아는 비판하고, 벌을 주고 도덕적으로 까다롭게 군다. 내면의 통제자, 비판자 역할을 하며 우리에게 옳고 그름을 일깨워 주려 한다.

에릭번은 조건과 상황에 따라 세 가지 자아 중 하나가 의식의 공간에서 주도권을 잡는다고 말한다. 세 가지 자아가 의식의 전경과 배경을 서로 번갈아 가며 주도권을 주고받는 것이다. 이 때문에 우리는 상황과 조건에 따라 전혀 다른 사람이 되곤 한다. '다이어트하겠다는 나'와, '통닭을 먹을 때의 나' 그리고 '먹고 나서 자기를 꾸짖는 나', 나는 이렇게 달라질 수 있는 것이다. '화내지 말아야겠다고 결심하는 나'와 '화를 내는 나' 그리고 나서 '후회하고 자책하는 나'가 달라진다.

조건화된 자극과 반응으로 이뤄진 습관의 고리를 벗어나기 위해서 먼저 이러한 패턴이 작동되고 있음을 자각해야 한다. 자각은 객관적으로 자기 행동을 관찰할 수 있는 정신적 힘이다. 내 안의 다양한 나에게서 떨어져서 조망하는 큰 자아 Higher Self의 의식이다.

내면의 갈등은 자기 안의 서로 다른 작은 자아 ego 사이에서 발생한다. 부모자아는 명령하고 통제하려 하고 어린자아는 회피하고 반항하려 한다. 성인자아는 상황을 합리적으로 파악하려 한다. 뛰어난 조정능력으로 내면의 갈등을 조율하려고 한다.

큰 자아가 의식의 공간에 주도권을 잡으면, 어린자아의 충동을 다스릴 수 있는 힘이 세진다. 공감과 이해, 납득할 만한 설명 없이 행동을 통제하려고 하면, 어린자아는 부당하다고 여기고 저항하고 반항한다. 가슴이 답답하고, 짜증이 많아진다. 과식, 과음, 일탈적 행동 등 평소와 다른 나가 나오며, 억제된 욕구를 보상받으려 한다.

우리는 보통 부정적인 습관을 바꾸기 위해 처벌과 보상이 필요하다고 생각한다. 결심하고 저항하다 실패하고 그러면 죄책감을 자극하며 다시 시작하곤 한다. 의지가 약하다고 질책한다. 그러나 의지력을 사용한다는 것은 저항한다는 의미다. 억지로 끌고 가는 것이다. 저항은 부정적인 에너지이며, 힘도 약하다. 그래서 부정적인 습관이란 커다란 바위를 깨기에는 역부족이다. 이러한 과정에서 자기혐오가 일어난다. '난 할 수 없어! 난 뭘 해도 안 돼! 난 의지박약이라서 어쩔 수 없어!', '바꿀 수 없어!'라는 좌절에 쉽게 빠지게 된다.

반면 자발성과 수용성은 더 큰 자아의 의식이다. 나쁜 습관에서 벗어나기 위해서는 자발성과 수용의 의식이 필요하다. 이 의식을 사용하면, 상황에 주도성이 생기며 다른 순환 고리를 만들어 낸다. 상황에 의식적으로 대처하는 반응 능력이 생긴다. 순간적인 충동에서 벗어나 상황을 더욱 높은 곳에서 바라보며, 합리적으로 행동할 수 있는 통제력이 커진다. 욕구의 우선순위를 조절해서 계획한 행동을 담담하게 실천할 수 있게 된다. 과정을 통해 학습하고, 결과에 대한 작은 성취감이 쌓이며, 더욱 값진 일을 해나갈 수 있는 역량과 조건을 갖추게 된다.

습관을 바꾸는 시각화와 자기암시

작은 성공에 주의를 기울여 보자. 시냇물이 모여 바다로 흐르듯 작은 성공들이 모여서 큰 성공으로 이어진다. 처음부터 커다란 목표를 세우는 것은 이루기도 어렵지만, 커다란 목표가 주는 중압감은 실패를 경험하게 한다. 잠재의식이 '나는 역시 못해! 어려워!'하는 생각을 믿게 한다. 작은 성공을 추구하면, 잠재의식은 '나는 해낼 수 있어! 봐, 이것도 하고, 저것도 해왔잖아! 나는 내가 원하는 것은 꼭 이룰 수 있어! 내겐 놀라운 잠재력이 있어!' 하는 생각을 신뢰한다. 잠재의식이 믿음대로 나를 만들어간다,

눈을 감고 과거에 무언가에 도전해서 성공했던 때를 떠올려 보자. 장애물이 있었지만, 그것을 극복하고 성취했던 경험을 떠올려 보라. 그때의 감정, 몸의 느낌을 느껴본다. 자기에게 어떤 생각들이 들었는지 찾아보자. 소중한 사람들이 자기에게 하는 말들을 상상으로 들어본다. 가슴 전체로 퍼지는 보람과 뿌듯함을 경험해 보라.

이제 자신이 기대하는 것을 이룬 자신의 모습을 상상해 보자. 그것이 이뤄진 느낌을 몸과 마음으로 가능한 한 생생하게 느껴본다. 그런 자신에게 따뜻한 사랑을 보낸다. 미래의 이미지가 잠재의식에 충분히 심어졌다는 확신이 들면, 이제는 미래의 이미지도 내려놓는다. 편안한 느낌

속에서 자기암시를 해본다.

'나는 자기 절제력이 뛰어나다.', '인생의 모든 일들이 술술 풀려나간 다.', '원하는 것이 순조롭게 이뤄진다.', '나는 원하는 것을 쉽게 이룬다.', '나는 모든 면에서 점점 더 좋아지고 있다.', '나는 내가 좋다', '나는 나를 사랑한다.', '나의 몸과 마음은 건강하다.', '나는 내 행동에 책임을 진다.', '나는 나의 일을 주도한다.'

근본적인 믿음이 변화하지 않는다면 습관을 바꾸기란 무척이나 어렵 다. 그래서 습관을 바꾸기 위해서는 습관을 정체성의 일부로 만들어야 한다. 그러기 위해서는 먼저 '내가 어떤 사람이 되고 싶은지' 깨닫는 데 서 시작하는 것이 좋다. 좋은 습관들이 합리적이라고 느껴질 수는 있지 만, 자신의 정체성과 대립한다면 행동으로 옮기기 어렵다. 그래서 자신 이 바라는 모습이 되려면 자신의 믿음들을 끊임없이 도전하고 수정하 고 확장해 나가야 한다.

좋은 습관을 만드는
아주 작은 행동

좋은 습관을 만들기 위해서는 먼저 동기가 필요하다. 강력한 변화 의지가 있어야 한다. 자발성을 갖고, "난 달라질 거야!"하고 마음먹는 것이다. 어떤 사람들은 '난 지금 이대로도 좋아', '날 좀 내버려 둬!', '문제만 안 생기면, 난 괜찮아'하고 현재 상황에 만족해 안전지대에 머무른다. 이때 외부에서 변화를 강조하면 오히려 반발과 저항감이 커진다. 먼저 그렇게 생각하는 이유가 무엇인지? 그 밑에 어떤 생각이 있는지 잘 살펴보아야 한다.

자기에 대한 근본적인 믿음이 변화하지 않는다면 습관을 바꾸기란 무척이나 어렵다. 좋은 습관을 지니기 위해서는 먼저 자기에 대한 부정적인 생각을 찾아내어 전환할 수 있어야 한다. '나는 한심하고 부족해, 보잘것없는 내가 싫어'하는 생각이 숨어 있다면 그 생각을 찾아내어 치유하고 전환하는 것이다. 이 생각을 믿는 내면아이는, 의식의 배경에 숨어 있다가, 모종의 상황이 발생하면 여지없이 의식의 전경으로 드러나 마음을 장악한다. 평소에는 '나는 괜찮아, 문제없어' 하고 있다가, 변화에 필요한 도전적인 행동이 필요해지면, 의식의 전경으로 등장해 실행에 저항한다.

미국의 자기 계발 전문가 제임스 클레이어는 '아주 작은 습관의 힘'에서 변화가 일어날 수 있는 수준을 세 개의 층으로 나눠 설명하고 있다. 첫 번째 층은 '결과'를 변화시키는 것이다. '살을 뺀다'라거나 '책을 쓴다'라거나 '학위를 딴다'라거나 하는 것이다. 우리가 세운 목표의 대부분은 이 단계와 연관되어 있다.

두 번째 층은 '행동'을 변화시키는 것이다. 이 층은 우리의 행동을 변화시키는 데 맞춰져 있다. '매일 아침에 조깅한다'든가, '아침 성찰 노트를 작성한다'든가, '저녁 8시 이후로는 아무것도 먹지 않는다'든가, '명상한다'든가 하는 것이다. 우리가 세운 습관의 목표는 대부분 이 단계와 연관되어 있다.

자장 안쪽의 중심층은 '정체성'을 변화시키는 것이다. 이 층은 우리의 신념을 변화시키는 데 맞춰져 있다. 세계관, 자아상, 자신과 타인에 대한 판단 같은 것들이다. 제임스 클레이어는 습관이 오직 자기 정체성의 일부가 될 때만이 그 습관을 꾸준히 해나갈 수 있다고 말한다.

그러나 우리는 뭔가를 개선하고자 할 때 정체성 변화를 생각하지 않는다. 가령 "날씬해지고 싶어(결과)", "이번 다이어트를 계속하면 날씬해질 거야(행동)" 하는 것처럼, 목표를 정하고 목표를 이루기 위해 자신이 해야 할 행동만 생각하는 것이다. 자신을 움직이게 하는 '믿음'에 대해서

는 잘 생각하지 않는다. 그러나 스스로 바라보는 방식을 바꾸지 않고는 변화에 성공하기 어렵다.

어떤 학생은 똑똑하다는 정체성을 유지하기 위해 실패 체험을 애초에 봉쇄하려는 경향이 강하다. 이런 학생은 실패를 예상하고, 실패했을 때 자기를 합리화할 수 있는 방편을 마련한다. 예를 들어 게임이 그런 변명의 도구가 될 수 있다. 머리가 나빠서 좋은 대학에 진학하지 못한 것이 아니라, 게임 때문에 공부를 많이 못해서 그렇게 된 것이라는 구실을 미리 마련해 놓는 것이다.

이 학생에게 정말 필요한 것은 '똑똑한 것 보다 노력하는 것이 더 중요하다'는 가치를 심어주는 것이다. '나는 똑똑한 사람이야! 머리 좋은 사람은 쉽고 빠르게 배워!'에서 '나는 부족하지만, 열심히 노력하는 사람이야! 노력하는 내가 좋아!'로 정체성의 전환이 일어날 때 성장할 수 있다. 정체성이 바뀌지 않은 채, 공부만 열심히 하려고 하면, 어려운 문제가 나올 때마다 '난 똑똑하지 않을지도 몰라'고 하는 불안과 싸우게 될 것이다. 어려운 문제를 예상하는 것만으로도 불안이 커질 수 있다. 결국, 공부를 회피하는 쪽으로 자기도 모르게 끌리게 된다.

진정한 행동 변화는 정체성의 변화를 통해서만 가능하다. 누구든 한두 번쯤 체육관에 가거나 건강한 음식을 먹을 수 있다. 하지만 그 행동 뒤에 자리한 믿음이 바뀌지 않는다면 장기적으로 그 변화를 유지하기 힘들 것이다.

자아상, 정체성, 셀프이미지 등으로 대변되는 '나에 대한 생각'은 고정불변의 상수가 아니다. 그것은 다른 신념들과 마찬가지로 유동적이고 변화 가능한 생각이다. 정체성identity은 '반복'의 의미를 가진 라틴어 'identidem'에서 파생했다. 어린 시절 반복적으로 들은 말과 행동이 나의 자아상, 정체성이 된 것이다. 가능성의 아이가 자기 자아상의 핵심으로 뿌리내리기 위해서는 이제 반복적인 새로운 행동이 필요하다. 반복된 작은 성취가 새로운 자아상의 근원이 되는 것이다. 반복된 작은 행동, 천 개의 작은 성공을 통해서 자신이 어떤 사람인지 스스로 증명하는 것이다.

무엇이 행동을 반복하게 할까?

모든 습관 뒤에는 '욕구'라는 동기가 존재한다. 동기, 즉 변화하고자 하는 욕구가 없다면 행동할 이유도 존재하지 않을 것이다. 본질적으로 우리가 원하는 것은 습관이 아니다. 그것이 가져올 긍정적인 결과이다.

예를 들어 담배 피우는 것 배후에는 흡연이 주는 안정감에 대한 욕구가 있다. 칫솔질은 입안을 청결하게 하고 상쾌함을 경험하고 싶은 욕구가 있다. 텔레비전을 켜는 것은 놀거나 쉬고 싶은 욕구가 있다. 모든 행동은 자기의 내적 상태를 변화시키고자 하는 욕구와 연결된 것이다.

신경과학자 제임스 올즈와 피터 밀러는 쥐의 뇌에 전극을 심고 도파민 분비를 차단하는 실험을 했는데, 그 결과 쥐들이 삶의 의지를 잃어버린다는 놀라운 사실을 발견했다. 도파민 분비가 차단된 쥐들은 어떤 것에도 열망을 드러내지 않았다. 심지어 먹지도, 짝짓기도 하지 않고 지내다 며칠 후 갈증으로 죽어버렸다. 뇌에서 도파민이 나오지 않자 욕구가 일어나지 않는 것이다. 욕구가 사라지자 행동도 멈춰버렸다.

기름이 없으면 엔진이 멈추듯, 도파민 분비가 없으면 행동은 일어나지 않는다. 도파민의 분비가 행동을 일으키는 촉매가 되는 것이다. 그럼 도파민은 언제 분비될까?

도파민은 즐거운 경험을 할 때뿐만이 아니라 즐거운 경험이 예상될 때도 분비된다. 게임에 빠진 아이들은 재미있는 게임에 몰두할 때뿐 아니라 게임을 예상할 때도 도파민이 분비된다. 여행을 좋아하는 사람은 가고 싶은 여행지를 상상하는 것만으로 도파민이 분비된다. 도파민 수치가 올라가면 행동의 동기가 생겨난다. 제임스 클리어는 습관을 매력적으로 만들라고 조언한다. 매력적인 것은 도파민 분비를 촉진하기 때문이다. 도파민 수치가 높아지면 행동을 지속할 확률이 높아진다.

'포기하지 않고 목표로 나아가려면 작은 성공을 정기적으로 맛보아야 한다'고 스몰빅의 저자 제프 헤이든 말한다. 그는 성공이 동기를 부여한다고 말한다. 성공은 도파민을 분비한다. 작은 성공의 예측은 도파민의 분비 수준을 높여, 결국 행동이 이어지게 만드는 것이다. 작은 성공의 즐거움을 맛볼 수 있는 마음이 중요한 것이다.

목표를 정한 후에 목표를 잊어버리는 것은 성공하는 습관을 길들이는 아주 좋은 전략이다. 그러면 목표로 가는데 필요한 과정에 집중하게 된다. 오늘 해야 할 일을 오늘 해내는 것이다. 그것에 100% 만족하는 것이다. 물론 장기적 목표는 여전히 존재한다. 그러나 목표를 생각하고 그 거리만큼의 차이로 부족함을 느끼는 것보다, 오늘 할 일을 해낸 것을 인식하고 그것에 성취감을 느끼는 것이 중요하다. 그 성취감이 내일의 행동을 하게 하는 동기가 되는 것이다.

그래서 커다란 목표를 갖되, 집중은 일상에서 실행하는 작은 목표에 둘 수 있어야 한다. 마라톤을 완주하고 싶다면, 먼저 하루에 1km씩 달리는 것부터 시작해 보는 것이다. 만약 마라톤 완주란 커다란 꿈에만 집착한다면, '하루 1km 뛰는 것이 뭐가 대단해?' 하고 평가절하할 수 있을 것이다. 일상의 작은 성취small big가 아무것도 아닌 것처럼 느껴지는 것이다. 보람과 기쁨이 없으면, 매일 성취하면서 마음으로는 좌절을 경험하게 된다. 성취에 대한 동기를 못 느끼게 된다. 결국, 행동을 지속하는 동력을 잃어버리게 될 것이다.

'부족하지만 노력하면 할 수 있다'는 생각은 일상의 작은 성취들로 자신에게 확인시켜줘야 한다. '나는 다른 사람들을 도와주는 좋은 사람이다'는 자아상이 있는데, 힘들어하는 사람을 무시하고 자기 것만 챙긴다면 자신도 위선이라고 여기게 될 것이다. 자아상은 그것에 일치하는 반복적인 행동으로 증명하는 것이다.

성취심리의 대가 브라이언 트레이시는 정신적 습관과 삶을 방향을 바꿀 수 있는 가장 강력한 방법의 하나로 21일간의 긍정적인 행동을 실천하는 것을 권한다. 어른의 경우 생물학적으로 뇌에 새로운 습관을 만들려면 보통 21일의 기간이 필요하기 때문이다. 최소 21일은 새로운 정체성을 증거 하는 행동 목표를 설정해서 중단 없이 반복해 보자. 새로운 습관이 자기에 관한 생각을 변화시키고 더 나은 미래로 이어지게 될 것이다.

변화를 아주 쉽게 만드는
내려놓기

40대 초반의 희정씨는 CS 전문 강사로 활동하고 있었다. 그녀는 코로나로 인한 긴 방학 중 딸과의 관계에서 일어나는 갈등에 대한 고통을 호소했다. 그녀는 유튜브를 하고 싶었는데 두려움에 망설이고 있다고 했다. 그러다 최근 유튜버로 활발하게 활동하는 후배의 모습을 보고 부러움과 함께 여러 가지 혼란스러운 마음이 들었다.

"후배가 활동하는 것을 보면, 어떤 감정이 드셨나요?"

"부러워요, 그리고 대단하다는 생각이 들었어요. 유튜브를 시작하겠다고 들은 게 올 초였는데, 매주 2개씩 양질의 콘텐츠를 올리는 것을 보면 정말 대단해요. 사람들을 모집해서 진행하는 강좌도 열고 있는데, 벌써 기수가 3기예요. 관리하기가 쉽지 않거든요, 근데 정말 너무 잘하는 것 같아요."

"자기 자신에는 어떤 감정이 드나요?"

"위축돼요. 제가 잘 할 수 있을까? 하는 두려움이 있어요. 빨리해야 하는데 마음만 있고 실제로 일에 집중하지 않고 허비하는 것 같아서 마음이 무거워요."

"그렇군요. 두려워하는 것이 무엇인지 좀 더 자세하게 말씀해 주실 수 있을까요?"

"콘텐츠를 일주일에 적어도 2개씩을 계속 올려야 하는데, 제가 잘 할 수 있을까? 하는 두려움. 그리고 사람들에게 실질적인 도움을 주고 싶은데, 그런 능력이 있을까? 하는 두려움이 있어요."

"만약 다른 사람에게 실질적인 도움이 안 된다면 어떻게 될 것 같나요?"

"저는 정말 도움이 되고 싶어요. 만약 그렇지 못한다면 제 자신이 너무 초라해지는 것 같아요. 의미도 없어지고요."

원하는 것에 대한 열망이 크면 그만큼 그것을 이루지 못하는 것에 대한 두려움도 커진다. 열망과 두려움은 마치 동전의 양면처럼 함께 붙어 다닌다. 두려움이 크면 실행하는 것이 어려워진다. 그래서 두려운 상황을 안 만들려고 하는 잠재의식이 작동한다. 잠재의식이 도전하지 못하는 이유를 만들어 내는 것이다. "집중할 수 있는 시간이 없다.", "아이들을 돌보느라 충분한 여유가 없다.", "잘 할 수 있는 능력이 없는 것 같아요." 등. 그러나 언뜻 합리적으로 보이는 이유는 실상은 두려움을 회피하기 위한 방어기제일 수 있다. 실제로 이러한 이유로 못하는 것이 아니다. 두려움이 커서 실행을 회피하고 싶으니까 못하는 이유를 나중에 만든 것이다. 나는 희정씨와 열망과 두려움의 상호작용에 대한 이야기를 나누었다.

"맞아요. 제가 딱 그러고 있어요. 어떻게 해야 하죠? 제가 두려움 때문에 이도 저도 못하고 있는 것 같아요. 앞으로 어떻게 해야 할까요?" 그녀는 고착상태에 빠진 현실에서 빠져나올 수 있는 돌파구를 발견한 듯이 눈빛을 반짝이며 물었다.

"만약 초등학생 따님이 자기가 잘하고 싶은 것만 하고 싶다고 한다면 어떻게 말해주겠어요?"

"유나야! 네가 하고 싶은 것만 할 수 없어! 잘 못하는 것도 할 수 있어야 해! 왜냐하면, 지금을 잘 못하지만, 자꾸 시도하고 노력하면 잘 할 수 있게 되는 거야!"

"내가 왜 그래야 해요? 나는 영어를 못 한단 말이에요, 기억력이 나빠서 자꾸 까먹어요. 몸도 약해서 운동도 어렵고요, 아무리 애써도 잘하는 애를 따라가지 못하는데, 힘들게 왜 그렇게 해야 해요?" 나는 딸의 입장에서 역할연기를 해주었다.

"그래도 그렇게 하면 안 돼! 네가 기억력이 왜 나빠? 원래 잘 까먹는 거야, 자꾸 기억하려고 노력하면 좋아질 수 있어!"

"그건 엄마 생각이지. 난 하고 싶지 않아!"

"그럼 너, 나중에 뭐가 될래? 너 멋진 사람 되고 싶다며! 자꾸 그렇게 회피하고 그러면, 너 아무것도 못돼!"

"그럼 안 하면 되지. 몰라, 난 그냥 이렇게 살래!"

나는 역할연기를 하면서 변화에 저항하는 딸의 마음을 대변해 주었다.

"정말 딸이 그러고 있어요, 제가 할 말이 없어요, 어떻게 하면 좋죠?"

"따님은 지금 엄마의 그림자를 보여주고 있는 것 같네요. 엄마가 자기 안의 두려움을 다루고 있지 못하니까, 딸이 그 마음을 대신 보여주고 있는 거죠. 딸은 잘하고 싶은 마음이 커요. 그만큼 못하는 것을 견디기 힘들어하죠. 그래서 자꾸 회피하고 있는 거예요. 엄마도 지금 그렇게 하고 있지 않은가요?"

"맞아요, 명쾌하네요! 제가 딸하고 겪고 있는 갈등의 핵심이 이거였어요. 딸이 못한다고 쉽게 단정하고 회피하는 모습을 보면, 정말 참기 힘들어요. 제 한심한 모습을 보는 것 같은 마음이 들어 걱정돼요."

"엄마도 지금 자기가 잘 못하는 것을 대면하기 힘든데, 초등학생 따님이 그것을 대면하는 것이 어떨까요?"

엄마가 내면의 두려움을 극복하면, 딸을 문제로 보는 마음의 걸림이 줄어든다. 딸을 존재 그대로 만날 수 있기 때문에 딸이 개선할 수 있는 가능성이 더 커지게 된다. 유튜버가 되는 데 있어서 가장 큰 장애는 그녀의 마음이었다. 잘 못할 것 같고, 사람들에게 부족하다는 말을 듣는 것에 대한 두려움이 만든 가상의 감옥이 자신을 한계에 가둬버린 것이다. 그녀가 유튜브를 하기 위해서는 역설적으로 잘하고 싶은 마음을 내려놓는 것이다. 잘하고 싶은 마음이 비워지면, 실패하는 것에 대한 두려움도 반감되어 쉽게 행동할 수 있게 되는 것이다.

"만약 잘하고 싶은 마음이 없다면 어떻게 될 것 같아요?"

"그냥 하고 싶은 내용 하나씩 영상 찍고, 올리고 하겠죠. 계속하다 보면 요령이 생겨서 콘텐츠의 질도 좋아질 것 같고요. 그러다 보면 잘하게 되는 날도 오지 않을까요?"

자신의 두려움을 직면하고, "잘하고 싶은 마음을 내려놓을 수 있다"는 생각만으로 실행에 대한 문턱은 좀 더 낮아졌다.

"그렇죠. 지금 하고 싶다고 하셨는데, 혹시 '하고 싶다'와 '해야 한다'는 어떻게 다른가요?"

"유튜브를 해야 한다 보다, 하고 싶다가 마음이 더 편안해지는 것 같네요. 그래도 꼬리말이 올라오는데요, 내가 잘 할 수 있을까? 하는."

"그래도 여전히 두려움이 좀 있네요. 그럴 수 있어요. 그런데 '잘 못해도 괜찮아' 하는 마음이 있으면 어떻게 될까요? 현실은 잘 못할 수 있잖아요? 그리고 '깨질 수 있어요. 사실 깨져야 해요.' 다른 사람에게 평가도 받아야 하고, 비난도 받을 수 있어요. 내가 아무리 잘해도 어떤 사람은 나를 욕할 수 있어요."

"코치님의 말을 듣고 보니, 정말 그러네요. 깨질 수 있다. 깨져야 한다는 말이 오히려 힘을 주는 것 같아요. 아들러가 말한 '미움받을 용기'가 바로 이런 마음일 것 같네요. 마음에 묵직한 것이 툭 하고 내려가네요."

"맞아요, 바로 그거예요. 만약 '미움받을 용기'가 생겼어요, 그래서 '나는 깨질 수 있어'하고 깨지는 것에 당당해진다면 무엇이 달라질까요?"

"그럼 너무 자유로워질 것 같아요. 다른 사람이 만들어 놓은 규칙, 시선, 판단 이런 것들에 너무 휘둘리며 살아왔는데, 해방감이 느껴져요."

"만약 커피를 마시고 싶어요. 그러면 커피숍에 가서 커피를 사 마실 거예요. 커피를 마셔야 해, 안 마시면 큰일나, 내가 잘 마실 수 있을까? 돈을 잃어버리면 어떡하지? 주문을 잘못해서, 점원이 다른 것을 주면 어떡하지? 이런 걱정을 안 하잖아요. 먹고 싶은 욕구만 있지, 그 욕구에 갈망이 들러붙지 않아서 그래요. 그러면 두려움 없는 행동만 남게 돼요."

"그런데 유튜브 하는 것과 커피 마시는 것과 뭐가 다르죠? 만약 커피를 마시는 것처럼 쉽게 생각할 수 있다면 무엇이 달라질까요?"

"이제 제가 무엇을 해야 할지 알 것 같아요. 당장 집에 가서 유튜브에서 다루고 싶은 주제부터 작성해봐야겠어요. 그리고 매주 하나씩 올려봐야겠어요. 딸에 대해서도 집착을 좀 더 내려놓아야겠어요. 일단 제가 들고 있는 마음을 먼저 내려놓고 딸을 만나야겠다는 생각이 듭니다."

두려움을 직면하고, 욕망을 내려놓은 그녀는 한결 홀가분해진 마음으로 실행을 계획했다.

　무언가 필요한 행동이 어렵다면, 우리가 다뤄야 할 것은 마음의 두려움이다. 욕구에 달라붙은 갈망, 즉 집착을 렛고 하는 것이다. 그러면 행동이 쉬워진다. 행동하는 과정을 통해 잠재력이 발휘된다. 우리가 바라던 결과들이 기분 좋게 실현되는 것을 목격할 수 있게 된다. 우리는 단지 자신의 행동을 가로막는 마음의 장애를 내려놓기만 하면 되는 것이다.

　내려놓는 것이 목표를 달성하는데 도움이 안 되는 것처럼 보일 수 있다. 강하게 붙잡고 있어야 그것을 달성할 수 있다는 암시에 걸려 있기 때문이다. 그러나 실제로는 목표 달성, 관계, 특히 어려운 도전과제나 난관에 부딪혔을 때 문제를 해결하도록 도와주는 마술 같은 힘을 갖고 있다.

　렛고 할 수 있으면 인생이 쉬워진다. 삶의 짐과 장애가 줄거나 사라진다. 두려움은 우리는 지나치게 방어적으로 만들어 행동을 제약한다. 꿈과 목표에서 멀어지게 만든다. 렛고는 마음의 족쇄들을 풀어버리고 더 쉽고 즐거운 방식으로 도전할 수 있게 해준다. 삶의 광대한 모험으로 나아가게 한다.

꿈을 현실로 만드는
감정 다루기

원하는 것을 이루기 위해서는 원하는 것이 이뤄지는 마음의 조건을 갖춰야 한다. 그렇지 않으면 원트^{want}가 실현되는 것을 마음으로 밀쳐내게 된다. 원하지만, 원하는 것이 실현되지 않는 어중간한 상황을 창조한다. 그래서 원트가 실현되는 것에 걸림돌이 되는 마음을 정확하게 이해하고, 이를 변화시킬 수 있어야 한다. 원트는 자기가 원하는 것, 즉 욕망(욕구)을 의미한다. 원트는 우리를 움직이게 하는 핵심 동기다.

원트의 실현에 가장 큰 걸림돌이 되는 마음은 자기혐오, 무기력, 시기와 질투, 분노 등이다.

자기혐오는 뿌리 깊은 상처에 기인한다. '나는 잘살 수 없어', '사랑받

을 가치가 없어', '충분한 능력이 없어', '완벽하지 않은 내가 싫어!' 등. 자기에 대한 이러한 셀프 이미지를 갖고 있는데, 어떻게 원트를 실현할 수 있을까? 우리는 자기에 대한 생각을 필터로 세상을 바라본다. 자기에 대한 생각대로 삶을 은연중에 만들어 간다. 자기혐오의 생각들은 자기 파괴적일 뿐 아니라 비합리적이다. 하지만 많은 사람은 이렇게 생각하는 것이 당연한 자기만의 맥락과 스토리를 가지고 있다. 이들에게 과거의 상처와 경험을 치유하는 것은 아주 중요한 과제다. 치유의 과정을 통해 자기에 대한 부정적인 이미지를 떨쳐버리고 긍정적인 이미지를 형성할 수 있다.

무기력에 있는 사람은 원트를 부정하고 회피한다. '난 괜찮아!', '난 필요 없어!', '난 없어도 돼!'라고 생각한다. 그러나 마음속 깊은 곳에서는 좌절한다. 이들은 원트를 불편해한다. 원트가 있으면 현재의 상태를 불만족스럽게 여기게 된다. 불만족스러운 감정을 해소하기 위해서는 도전지대로 나아가야 한다. 기대한 것을 실현하기 위해서는 많은 도전들이 필요하기 때문이다. 그러나 도전지대는 자기의 취약함이 노출될 수 있는 위험한 장소이기도 하다. 그래서 그들은 원트를 억압한다. 원트가 없다면 도전지대로 나아갈 이유가 사라지기 때문이다.

그래서 그들은 '원하지만, 원하는 것이 실현되면 안 된다.'라는 모순적인 상태로 살아간다. 비현실적인 꿈을 꾸고 행동하지 않는다. 원하지만 지금은 그것을 할 수 없다는 핑곗거리를 찾아 꾸물댄다. '아무래도 아닌 것 같다', '지금은 아직 때가 아니다', '능력, 학력, 경험이 없기 때문에 나한테는 무리다' 등. 그럴듯한 핑곗거리들은 사실은 자기를 보호하려는 잠재의식의 저항일 수 있다. 도전지대로 나아갔을 때 생길 수 있는 위험한 상황을 미리 예방하려는 것이다.

원트가 억압된 사람은 부러운 감정을 회피한다. 부러워해 봤자 감정만 힘들기 때문이다. 부러움이 '나도 갖고 싶어'하는 것이라면, 질투는 '왜 쟤가 가져야 해?'하는 마음이다. 부러움은 상대를 미워하는 마음이 없다. 순수한 부러움은 성장의 동인이 된다. '나도 저렇게 잘 되고 싶다'는 부러움은 필요한 성장을 이끈다. '어떻게 하면 저렇게 근사한 사람이 될 수 있을까?', '성공한 사람에게 배워야겠다'하는 성장 동기를 불러일으킨다. 순수한 부러움을 가진 사람은 성공모델을 발견한다. 그들을 진심으로 좋아하고 존경한다. 큰 바위 얼굴의 우화처럼 우리는 좋아하는 것을 닮아 간다. 그래서 그들은 결국 자기가 부러워하던 삶을 살게 될 가능성이 커진다.

반면 질투는 부러워하는 대상을 혐오한다. 그를 미워하고 깎아내린다. 자기를 과장하고 위선에 빠진다. '나는 부럽지 않아!', '이건 뭔가 문제가 있는 거야!'하고 현실을 왜곡한다. 성장하는데 필요한 행동을 하는 대신 상대를 비방하고 공격하는데 마음이 끌린다. 이들에게 자기가 부족하다는 열등감을 느끼는 것은 상당히 고통스러운 일이다. 그래서 그들은 열등감을 외부로 투사해 상대를 깎아내린다. 결국, 자기에게 필요한 과제를 배우고 성장하는 데 실패한다. 원트와 점점 멀어지는 현실을 자기도 모르게 만들어 간다.

분노는 자기를 보호하는 감정이다. 자기의 원트가 실현되고 있는지를 알려주는 나침반과 같다. 분노를 잘 활용하는 사람은 분노를 통해 원트를 실현해 나간다. 반면 분노는 원트의 실현에 폭탄을 터트리는 것과 같은 부작용을 낳기도 한다. 아이는 자기가 원하는 장난감을 부모가 사주지 않으면 원하는 것을 갖기 위해 감정을 활용한다. 생떼를 부리고, 울고, 소리치고, 급기야는 화를 폭발한다.

어떤 부모는 아이의 화를 돌리기 위해 당장 장난감을 사주거나, 아이가 좋아하는 사탕을 주면서 회유한다. 혹은 버릇을 고쳐주기 위해 부모가 더 큰 화를 낸다. 어쨌든 화를 감당하기 힘드니 화를 누그러트리는 전략을 사용하는 것이다. 아이는 화를 통해 자기가 원하는 것을 얻을 수 있다는 것을 학습하거나 더 큰 화에 눌려 원트가 좌절되는 경험을 학습한다.

화에 대한 부모의 반영은 아이에게 화에 대한 잘못된 상식을 심어줄 수 있다. 그래서 원트가 좌절될 때도, '화는 나쁜 것이다'라고 생각해 화를 회피하고 억누르거나 아니면 '화를 내야 원하는 것을 얻을 수 있다'라고 생각해 화를 표출하는 방식으로 원트를 주장하게 되는 것이다.

그러나 화는 무엇보다 자신의 건강을 해친다. 화를 내면 근육과 관절이 수축하고 혈류는 느려지며 신경과 심혈관, 호르몬의 균형이 무너진다. 독소가 배출되고, 뇌졸중의 확률이 높아지며, 억압된 화는 암의 원인이 되기도 한다. 또한, 화는 다른 사람에게 씻기 어려운 상처를 줄 수 있다.

화를 중요한 원트 실현에 제동이 걸렸다는 신호로 받아들이자. '내가 정말 원하는 것이 무엇이지?' 하는 질문과 함께, 자신의 원트가 무엇인지 성찰해보자. 그리고 화가 났다는 정보를 상대에게 전달해보자. '나 지금 화났어!' 라고 말하는 것은 효과적인 화의 표현이다. '꺼져!', '너 때문에 화나!', '너는 문제가 있어!' 하는 것은 나의 화를 상대에게 돌리는 것이다. 이러한 말은 상대방에게 상처를 줄 뿐 아니라 진실이 아니기도 하다. 화가 난 본질적인 이유는 내 안의 원트이기 때문이다.

원트로 주의를 돌리면, 더욱 지혜롭게 원트를 실현할 수 있는 방법을 찾아갈 수 있게 된다. '내가 정말 원하는 것은 무엇이지?', '어떤 상황이 벌어진 것이지?', '어떻게 하면 이 상황을 개선할 수 있지?', '지금 내가 해야 할 말과 행동은 무엇이지?', '이 상황에서 배울 수 있는 것은 무엇이지?' 효과적인 질문은 화에 매몰되어 원트를 상실할 위기에서 구해낸다. 효과적인 방식으로 원트를 실현할 수 있는 방법을 찾아준다.

일상을 기적으로 만드는
마음의 시크릿

"문제를 보지 말고, 당신이 원하는 것을 보라. 지금 이 순간부터 당신이
원하는 것만 본다면, 당신은 그 모든 것을 가질 것이다."

- 레스터 레븐슨

우리는 보려고 하지 않는 모든 것들을 무의식 속에 차곡차곡 쌓아 둔
다. 어린 시절 부모에게 허용되지 못하고 억압된 감정, 욕구, 생각들이
무의식 속에 저장되는 것이다. 이렇게 저장된 정보들은 스트레스 상황
에서 분노, 우울, 두려움, 자기혐오 등으로 드러난다. 우리에게 필요한
것은 이렇게 억제된 감정과 생각을 치유하고 변화시키는 것이다.

지금은 억제된 감정과 생각에 끌려다니는 희생자일 수 있다. 의지로
통제하기 어렵기 때문이다. 하지만 그것들을 치유하고 흘려버린다면
마음은 조용해지고, 자유로워질 것이다. 상황에 더욱 효과적으로 반응
할 수 있는 주도성이 깨어난다.

"일이 손에 안 잡혀요, 해야 할 일은 많은데 막상 하려면 무엇부터 해야 할지 모르겠어요."

강의하고 칼럼을 쓰는 작가가 상담을 찾아왔다. 그녀는 자기에 대한 무력감에 시달리고 있었다. 무력한 나로 지내는 것이 싫어서, 자신을 움직이게 하는 무언가 눈에 보이는 확실한 목표를 찾고 있었다. 생각만큼 글이 잘 안 써지면, 무력감에 좌절하며 시간을 허비하고 있다고 하소연했다.

"그동안 무엇을 이뤄놓았나 싶어요."
"그런 내가 한심해요, 순진하고, 세상 물정 모르는 제가 속상해요!"
"앞으로도 계속 이렇게 살 것 같아, 걱정되고, 너무 슬퍼요."
"잘하고 싶은데, 그게 잘 안 되니 너무 답답해요."

그녀는 눈물을 흘리며, 답답함을 호소했다. 그녀의 무력감 밑에는 어린 시절 아빠에게 인정과 사랑을 받지 못했던 상처가 숨어 있었다. 초등학교 때, 동생과 함께 아빠 차를 타고 가던 중 주유소에 들른 일이 있었다. 화장실이 급해 화장실을 다녀왔더니, 아빠 차가 보이지 않았다. 바쁜 일로 정신없었던 아빠는 자녀가 뒤에 안 탄 것을 모르고 혼자서 차를 몰고 떠났다고 한다.

그녀는 아빠가 너무나 황당했다. 자식들을 뒷좌석에 태웠는지도 기억 못하고 혼자 떠난 무심한 아빠의 딸이란 사실을 받아들이기 어려웠다고 했다. 아빠는 딸의 생일도 기억하지 못했다고 했다. 그런 사실을 친척들 앞에 무용담처럼 떠벌리는 아빠가 한심하고 원망스러웠다고 했다. 그녀는 딸에게 관심 없는 아빠의 딸이란 사실이 너무나 부끄러웠다고 했다.

'아빠는 날 사랑하지 않는구나!', '나는 사랑 받을 자격이 없는 사람이구나', '아빠도 딸이 이토록 무관심한데 세상 누가 나를 인정하고 좋아할까?', '나는 세상을 멋지게 살아가지 못할 거야'

그녀는 자기도 모르게 이러한 생각을 내면화했다. 아빠에게 사랑과 인정받는 것을 포기했다. 부모에게 충분한 인정과 공감을 받지 못했던 그녀는 자기감정과 원하는 것을 잘 모르는 사람이 되었다. 세상일에 관심이 별로 없었고 하고 싶은 것도 별로 없었다고 했다. 세상은 단조로운 흑백영화의 필름 같았다고 했다.

결혼하고 아이들을 키우면서, 잠재된 욕구는 현실로 다가왔다. 더 좋은 집, 넓은 집으로 이사 가고 싶은 마음이 간절했다. TV에 잘 사는 집을 보면 너무나 부러웠다. 아이들이 크면서, 더 큰 집으로 이사 가면 좋겠다고 말할 때마다, 마음은 조급해졌다고 했다. 일도 잘하고 싶은데, 막상 세상에는 뛰어난 사람이 참 많았다. 자기보다 더 어린 사람들도 전문가로 인정받고 잘 나가는 것이 마냥 부러웠다고 했다. 반면 자기는 그러한 역량이 없는 것 같아, 위축됐고 슬펐다고 했다. 그럴 때마다 가슴 한 편이 꽉 막힌 듯 답답했다.

'그래도 내가 그러면 안 되지! 내가 힘들면 안 되지! 그러면 다른 사람 이 더 힘들어져! 괜찮아! 잘 해낼 거야!' 스스로 최면을 걸면서 힘을 북 돋으려 했지만, 속마음은 전혀 달랐다. '나이는 먹어 가는데, 이룬 것은 아무것도 없다'는 생각이 자꾸 들었다. 미래를 생각하면 여전히 막막하 고 불안했다. 자신이 능력 없고, 한심하고, 부족하다는 생각을 떨쳐낼 수 없었다고 했다.

그러나 그것은 단지 그녀의 생각일 뿐이었다. 사실 그녀는 이미 많은 능력과 재능이 있었다. 칼럼을 쓰며 공공기관에서 강의도 하는 전문가 였다. 주변 사람들은 그녀의 성취를 부러워했다. 그러나 그녀가 자신을 바라보는 관점은 달랐다. 남들이 자기에게 잘한다고 하는 것은 왠지 와 닿지 않았다고 했다. 그것은 의당 해야 할 기본인 것 같았다. 분야에서 가장 뛰어난 사람들과 자신을 비교하며, 자신의 부족함을 책망했다. 마 치 나쁜 마법에 걸린 것처럼, 그녀는 "나는 능력이 부족하다"는 생각에 서 벗어나기 어려웠다.

그녀는 오랫동안 자기의 욕구를 무시했다. 무기력과 무감각의 상자 에 욕구를 가둬버렸다. 억압됐던 욕구는 아이들을 키우면서 의식으로 올라왔다. 그러나 욕구는 그녀에게 먹지도, 내려놓지도 못하는 뜨거운 감자 같았다. 원하는 것을 성취하기 위해서는 도전지대로 나가야 하고, 그러기 위해서는 내면의 두려움을 극복해야 했다. 그녀는 안전지대에 머무르며, 소극적으로 행동하는 자신이 한심했지만, 그것은 그녀의 방어기제였다. 도전지대에 나가면 자신의 취약성이 드러나는 위험을 감수해야 하는 데 그것은 상상도 하기 싫은 두려운 일이었다. 그녀는 욕구와 두려움 사이에 무기력하게 갇혀 무력한 일상을 이어가고 있었다.

"만약, 글을 잘 못 써도 괜찮다고 생각하면 어떻게 될 것 같아요?"
"그럼 글을 쉽게 쓸 수 있을 것 같아요."
"사람들에게 인정받고 싶은 마음이 비워지면 어떻게 될 것 같아요?"
"편하게 내가 하고 싶은 일을 그냥 할 것 같아요."
"그렇게 되면 무엇이 달라질 것 같은가요?"

그녀는 자기 마음이 만들어 놓은 한계에 대해서 진지하게 성찰하기 시작했다. 원하는 삶을 살기 위해서는 원하는 것에 대한 집착을 내려놓아야 한다. 도전지대로 나가는 것에 대한 두려움에서 벗어나야 한다. 우리는 보통 원하는 것에 대한 집착을 내려놓는 것에 대한 두려움을 갖는다. 집착을 내려놓으면, 원하는 것을 영영 얻지 못할 것 같은 두려움이 있기 때문이다. 그러나 "원하는 것에 대한 집착을 내려놓는 것"과 "원하는 것을 얻는 것"은 다르다. 무언가를 갖기를 원한다는 것은 좋은 것이다. 다만 그것에 대한 집착만을 비워내는 것이다. 집착이 강하면 그것을 얻지 못하는 것에 대한 두려움이 동시에 커진다. 잃어버리는 것에 대한 두려움도 같이 커진다. 두려움이 커지면, 행동에 대한 저항도 함께 커진다. 그래서 원하는 것을 얻지 못하는 상황을 무의식적으로 만들게 된다.

그녀는 강의를 잘하고 싶다고 했다. 그만큼 다른 사람들의 판단과 평가가 두려웠다. 정말 좋은 사람, 유능한 사람이라는 인정을 받고 싶다고 했다. 그만큼 별 볼 일 없는 사람이라는 평가를 받는 것이 두려웠다.

두려움은 그녀가 필요한 행동을 하는 데 걸림돌이 되었다. 사람들의 평가가 두려운 그녀는 쉽게 글을 쓰고, 강의하는 것이 어려웠다. 남들은 쉽게 잘하는 것 같은데, 자기는 너무도 어렵고 쩔쩔매는 것 같아 힘에 부쳤다. '내 길이 이게 맞나?', '하는 일이 내 적성에 맞는 건가?', '나는 재능이 없는 것 아닌가?' 하는 회의와 의심이 늘 따라다녔다. 그것을 인정하면 포기하게 될 것 같은 두려움에, 그 마음을 보고 싶지 않았다. 그러나 무거운 짐을 짊어지고 달리기하는 선수처럼 성장과 성과는 늘 더디고 어려웠다. 시간을 무의미하게 허비한 것 같아 후회되고 좌절을 느꼈다.

시크릿의 저자 론다번은 신이 우리에게 선물한 두 가지가 있다고 말한다. 하나는 자신이 상상하는 건 무엇이든 될 수 있다는 것과, 다른 하나는 자신이 두려워하는 것을 끌어당긴다는 것이다. 우리는 자신이 상상하고 원하는 것을 끌어당기기도 하지만, 동시에 우리가 두려워하는 것을 끌어당기기도 한다. 어떤 사람은 자신이 원하는 것을 끌어당기는 삶을 살아간다. 어떤 사람은 자신이 두려워하는 것을 끌어당기는 삶을 살아간다. 그녀는 후자 쪽의 삶을 살아가고 있었다.

그녀는 두려움의 감각을 회피하지 않고 있는 그대로 느끼면서 흘려보냈다. 두려움이 비워지는 것만큼 원하는 것에 대한 갈망의 크기도 줄어든다. 그러면 우리는 더욱 자유로운 상태에서 원하는 것을 그냥 행동에 옮길 수 있다. Just Do it! 나이키의 저 유명한 로고처럼, 가볍게 행동하고, 그래서 쉽게 원하는 것을 얻게 된다. 그리고 결과에 집착하지 않기에 자유롭다.

원하는 것을 내려놓자, 마음이 한결 가벼워졌다. 인정받고자 하는 마음을 내려놓자 글 쓰는 게 쉬워졌다. '그래 나는 약하고 부족해!' 스스로 인정하지 않고 회피해 왔던 자신의 취약성을 말로 표현하고 받아들이자, 속에서 갑자기 웃음이 터져 나왔다. 별것 아닌 자존심과 두려움에 붙들려 살았다는 생각이 한심했기 때문이었다. 그녀는 가슴을 꽁꽁 감쌌던 족쇄가 떨어져 나간 듯한 해방감이 느껴진다고 말하며 환하게 웃었다.

내가 아무리 잘하려고 노력하고 애써도 누군가한테는 부정적인 판단과 비판받을 수 있다. 사람들은 각자 다른 기준을 갖고 살아가기 때문이다. 다른 사람들에게 "한심하다, 별 볼 일 없다"는 말을 들을 수 있다는 사실을 받아들이자, 그녀의 마음은 훨씬 유연하고 단단해졌다.

'까짓것 어때! 나보다 더 못한 사람도 많은데, 내가 하고 싶은 일인데, 그냥 하다 죽지 뭐!' 하는 깡도 생겨났다. "원하는 것을 얻으면 좋지만, 얻지 못해도 뭐, 할 수 없지, 그래도 시도해봤잖아! 하지만 후회하지 않게 열심히 해보자!" 하는 용기와 자발성이 생겼다. 새로운 것에 대한 도전이 쉽고 즐거워졌다.

그녀의 취약성은 사람들의 마음을 섬세하게 이해하고 받아줄 수 있는 장점으로 작용했다. 그녀의 생각과 달리 많은 사람이 그녀처럼, 자신의 취약성과 열등함에 고통받고 있었다. 자신의 취약함을 수용하며 함께 성장한 그녀의 경험은 많은 사람들의 마음을 치유하고 성장시킬 수 있는 소중한 자원이 되었다.

몇 달 후 다시 만난 그녀는 마치 이미 있었던 주변의 축복을 이제야 만나는 것 같다고 말하며 환하게 웃었다. 세상이 나를 만드는 것이 아니다. 나의 마음이 세상을 만들어 간다. 마음이 바뀌면 세상이 달라진다. 기적이 일상이 되어간다.

가능성의 아이로 살아가기 。────────

광대한 바다 한가운데 작은 섬의 추장인 모아나의 아빠는 바다에 대한 두려움이 있었다. 사랑하는 친구가 사나운 폭풍에 휘말려 바다에 빠져 죽었기 때문이다. 아빠는 후계자인 딸이 바다에 나가는 것을 완강히 말렸다. 딸이 죽을 수도 있다고 생각했기 때문이었다. 한편 섬의 상황은 점점 더 나빠졌다. 작은 섬에 나무들이 말라 죽어가고 물고기들은 섬을 떠나가고 있었다. 테피티라는 생명의 신이 잠들었기 때문이었다. 천 년 전 생명을 창조하는 능력이 있는 테피티는 마우이라는 반신에 심장을 빼앗겼다. 마우이는 바닷속 깊은 곳에서 심장을 잃어버렸는데, 그 후로 바다의 생명은 점점 말라가고 있었다. 세상을 구원하기 위해서는 테피티의 심장을 찾아내어 제자리에 돌려놓아야 한다.

아빠의 말을 따라 착한 딸이 되고, 추장이 되겠다고 마음먹지만, 모아나는 알 수 없는 이끌림에 홀로 바다를 건너 마우이를 찾아간다. 그를 설득해 테피티의 심장을 되찾으려는 원대한 미션을 완수하려는 것이었다. 모아나는 생사를 넘나드는 위험한 고비들을 맞았다. 그 과정에서 모

아나는 자기 안에 두려움을 만나고 좌절했고, 결국 극복한다. 모아나에
겐 잠재된 커다란 용기가 있었다. 그 용기는 미션을 수행하면서 만나게
될 험난한 도전과제, 즉 외부의 적과 위험한 상황을 통과하는 과정에서
발현되는 것이었다. 작은 용기가 성장해 위대한 일을 성취하는 기적으
로 작용하는 것이었다.

나는 모아나를 보면서 우리의 삶도 이와 비슷하다고 생각했다. 우리
안엔 상처로 기인한 두려움이 있다. 또한, 그것을 넘어설 수 있는 지혜
와 용기도 잠들어 있다. 이것을 깨어내기 위해 외부의 도전과 역경이 필
요한지 모른다. "신은 고통이란 껍질로 싸서 축복을 선물한다."라는 말
이 있다. 도전과 역경은 우리의 두려움과 한계를 보여준다. 동시에 그것
을 넘어설 용기와 지혜를 발휘할 기회를 선물한다. 도전하고 통과하는
과정을 통해 내면의 잠재력이 발현되는 것이다.

자살을 꿈꾸던 고등학생이 있었다. 어느 날 공황장애와 심각한 대인
기피 증상이 그를 찾아와 학교를 휴학했다. 그는 사람의 눈을 잘 쳐다보

지 못했다. 자신이 지나가면 사람들이 수군대는 게, 마치 자기를 욕하고 흉보는 듯한 기분이 든다고 했다. 공원을 걷다 벤치에 사람들이 앉아 있으면 그 앞을 지나가지 못하고 둘러 갈 정도로 대인기피는 점점 심해졌다. 어린 시절 그의 부모님은 부부싸움이 잦았다. 심하게 싸워 주변의 신고로 경찰차가 온 적도 많았다고 했다. 그는 어린 시절 부모의 잦은 싸움으로 마음속 상처를 크게 받았다고 했다. 늘 불안했고 '오늘은 또 무슨 일이 벌어질까'를 걱정하며 밤을 지새운 날도 여러 날이었다.

몇 번의 상담 동안 그는 죽음에 관해서만 이야기를 했다. 타이타닉이 침몰하는 순간이 담긴 영상을 하루에도 수십 번 강박처럼 돌려본다고 했다. 이유를 물으니, 침몰하는 과정에서 희미한 빛이 사그라지다 완전한 어둠으로 변하는 모습이 마치 자기와 같다는 대답을 했다.

나는 그 이야기를 들으며 불안과 함께 말할 수 없는 연민을 느꼈다. 그러나 무기력하게 생을 초연한 듯한 눈빛의 그에게 해줄 수 있는 말은 아무것도 없었다. 나는 그저 그의 절망을 알아주고, 그가 겪는 고통의 심연에 함께 있어 주었다.

과거의 삶에서 행복을 찾을 수 없었고, 현재의 삶에서 보람을 느낄 수 없었던 그에게 미래는 현재의 무의미한 고통을 연명할 가치 없는 시간일 뿐이었다. 지나간 과거의 상처들은 망령처럼 그의 현재 마음을 지배하고

270

있었다. 그 마음이 투사된 세상은 끔찍하고 슬펐다. 그 고통에서 회피하기 위해, 그는 감정을 느끼는 감각을 차단하고 희망을 포기했다. 자신을 무기력과 무감각의 차가운 상자 속에 가두고 있는 것처럼 보였다.

그러던 어느 날,

"제가 좋아질 수 있을까요?"

그는 의심과 기대, 두려움이 섞인 질문을 조심스럽게 던졌다.

순간 나의 심장은 두근두근 뛰기 시작했다.

질문 속에는 그의 진짜 속마음이 숨어 있었다.

'죽고 싶다'는 말은 '살고 싶다'는 외침이었다.

타인과 세상에 대한 혐오는,

나도 세상을 '멋지게 살고 싶다'는 열망이었다.

집요한 회피와 방어기제는

변화하고 싶은데 '또 다시 상처 받을까봐 두렵고 불안하다'는 뜻이었다.

무력하던 눈빛이 순간 총기가 살아나는 듯 반짝였다.

그의 기억 속엔 트라우마로 남아 있는 상처들이 많았다. 그는 그것을 보지 않기 위해 회피하고, 잠재의식에 억압해 꼭꼭 숨겨놓고 있었다. 그러나 외부의 환경은 숨겨둔 트라우마가 의식으로 올라오게 자극했다. 그는 화난 원인을 다른 사람들에게 투사했다. 사람들이 시끄럽고, 혐오스럽다고 비난했다. 자기 신경을 거슬리게 해서 짜증 나고 불안해져서 피하게 된다고 생각했다.

그러나 사실은 마음속 불안이 자기를 불안하게 하는 것이었다. 두려움 때문에 불안을 불안으로 험하지 못하고, 지속되게 만든 것이었다.

불안이 몸의 어디에서 느껴지니?

가슴이요. 심장이 두근두근 대요. 명치가 울렁거려 토할 것 같아요.

그것을 피하지 말고, 있는 그대로 느껴볼 수 있겠니?.

그는 실제로 헛구역질을 하며 불안을 대면하기 시작했다.

불안의 감각을 있는 그대로 느끼며 흘려보내기 시작했다.

그는 과거의 상처와 불안을 있는 그대로 대면했다. 그 상황에서 올라오는 감정과 신체 반응을 순수하게 경험했다. 저절로 일어나는 솔직한 생각들을 만나고, 알아주고, 놓아주는 작업을 했다.

그의 내면에 상처받은 아이의 마음이 조금씩 치유되며 가벼워지기 시작했다. 가능성의 아이가 꿈틀대며 눈빛과 표정, 목소리가 생기 있게 바뀌기 시작했다.

사람들은 불안이 올라오면 불안을 견디지 못해 무언가가 집중할 대상을 찾는다. 그는 미국드라마에 빠져있었다. 그는 유튜브를 통해 자막도 없이 영상으로만 미국드라마를 본다고 했다. 나는 그가 좋아하는 미국드라마의 스크립트를 구해 주었다.

일주일 만에 만난 그는 요청하지도 않았는데, 스크립트의 모든 내용을 해석해왔다. 20시간이 넘게 걸렸다며 자랑스러워했다. 그렇게 영어에 집중한 이유를 묻자 "재미있어요"라고 대답하며 빙그레 웃었다. 그 후 그는 더 이상 죽음에 대해 이야기를 하지 않았다. 대신 화이트보드 가득히 자기가 암기한 영어의 문장과 단어들을 빽빽하게 써 내려가며 내게 단어와 문장의 의미를 신나게 설명했다. 그의 목소리는 생기가 돌았고 눈빛은 총명하게 빛나고 있었다. 순간 그의 마음속에 잠자던 '가능성의 아이'가 깨어나고 있음이 느껴졌다.

"우리는 판단하지 말아야 하는 것이 아니라 판단할 수 없음을 깨달아야 한다." 기적수업에 나오는 말이다. 판단은 언제나 과거의 생각이다. 우리를 과거의 좁은 울타리 안에 가둔다. 한계를 정하고, 한계가 당연하다고 설득하며, 그 한계 내에서 삶을 살아가게 한다.

상처가 치유되면 판단이 떨어져 나간다. 검은 안경을 쓰고 있다가 안경을 벗는 순간 밝고 환한 세상이 드러나듯, 지금까지 보지 못했던 새로운 세상이 눈 앞에 펼쳐진다. 관점이 달라지며 새로운 것에 대한 호기심과 관심이 생겨난다. 자기 안에서 세상을 바라보는 주체가 달라졌기 때문이다. 이제 과거의 상처는 자산이 되고, 인생이 모험이 된다. 미래는 희망으로 되살아난다. 놀라운 가능성의 별이 가슴에서 떠오른다.

변화는 늘 고통을 수반한다. 하지만 성공에 대한 믿음은 그 고통을 즐거운 보람과 성장의 과정으로 바꿔준다. 마음이 경험의 감각과 맥락을 바꿔주는 것이다. 바닥까지 내려간 마음을 만나면, 종종 기적 같은 변화가 일어나곤 한다. 그럴 땐, 험난한 가시밭길의 끝에 자리한 생명의 보물 상자를 캐내는 것 같은 기분이 든다.

그래서 나는 사람을 통해 희망을 본다. 사람 안에 내재된 가능성의 미래를 본다. 변화는 발견의 문제다. 우리 안에 살고 있는 돌봄과 치유가 필요한 아이를 통과하면, 가능성과 환희로 충만한 아이가 깨어난다. 그 아이는 깊이 잠들어 있다. 그러나 생생한 부활을 꿈꾸며 살아있다. 그것은 우리 모두의 실현 가능한 꿈이라 믿는다.

사 람 은
어 떻 게
성장하는가

초판 1쇄 인쇄 2020년 9월 14일
초판 1쇄 발행 2020년 9월 21일

지은이 조남철
펴낸이 최익성
기획 김선영
편집 문태호
마케팅 임동건, 임주성, 홍국주, 강송희, 송준기
마케팅 지원 황예지, 신원기, 박주현
경영지원 이순미, 신현아, 임정혁
펴낸곳 플랜비디자인
디자인 빅웨이브

출판등록 제 2016-000001호
주소 경기도 화성시 동탄반석로 277
전화 031-8050-0508
팩스 02-2179-8994
이메일 planbdesigncompany@gmail.com

ISBN 979-11-89580-48-3

이 도서의 국립중앙도서관 출판예정도서목록(CIP)은 서지정보유통지원시스템
홈페이지(http://seoji.nl.go.kr)와 국가자료종합목록 구축시스템(http://kolis-net.nl.go.kr)에서
이용하실 수 있습니다. (CIP제어번호 : CIP2020037935)